子どもがぐんぐん伸びる

楽々かあさん流 お助けツール

本の中に登場する、三兄妹を育てる中で実際に使っているお助けグッズを紹介します。「ダウンロード」マークがあるものは、下のホームページからダウンロードできますので、ご活用ください！

ダウンロード

http://www.rakurakumom.com/

読者限定ページパスワード　100tennow

1 空色トンネル（56ページ）

▶自分の身体のボディイメージを「トンネル遊び」でつかむために、不要品の市販のドラム型ランドリーバッグをリサイクルしてトンネルを作りました。

2 廊下にアミダクジ（66ページ）

▶漢字のカドやハネを意識して見るために、ビニールテープでアミダくじのラインを引きました。

3 簡易くじ引きBOX（71ページ）

▶ものを掴んで中身を当てて、手先に意識を集中させる手探りあそびは、触覚の敏感な子や、手先が不器用な子にもおすすめです。

4 ペットのお世話 （74ページ）

▶ペットを飼うことは、子ども達にとって、最良の「療育・教育」になっていますが、なるべく手のかからないようにマニュアルを作りました。

5 子ども用レシピ集
（90ページ）

▶うちでは、本当に基本的なことを、うちの家電や道具に合わせ、オリジナルの手描きの「子ども用レシピ集」で、「おふくろの味」を伝えています。

6 洗濯バサミアート
（93ページ）

▶洗濯バサミアートは、指先の分業を促す療育あそびになります。

8 おはじきBOX
（111ページ）

▶市販のタッパーをアレンジ。おはじきを握って入れたり、掴んだ数をあてるゲーム。指先の運動をしながら数感覚を育てます。

7 買い物手順カード
（99ページ）

▶レジの流れを「買い物の手順カード」を作って、予め見せておくと、実践でイメージしやすいです。

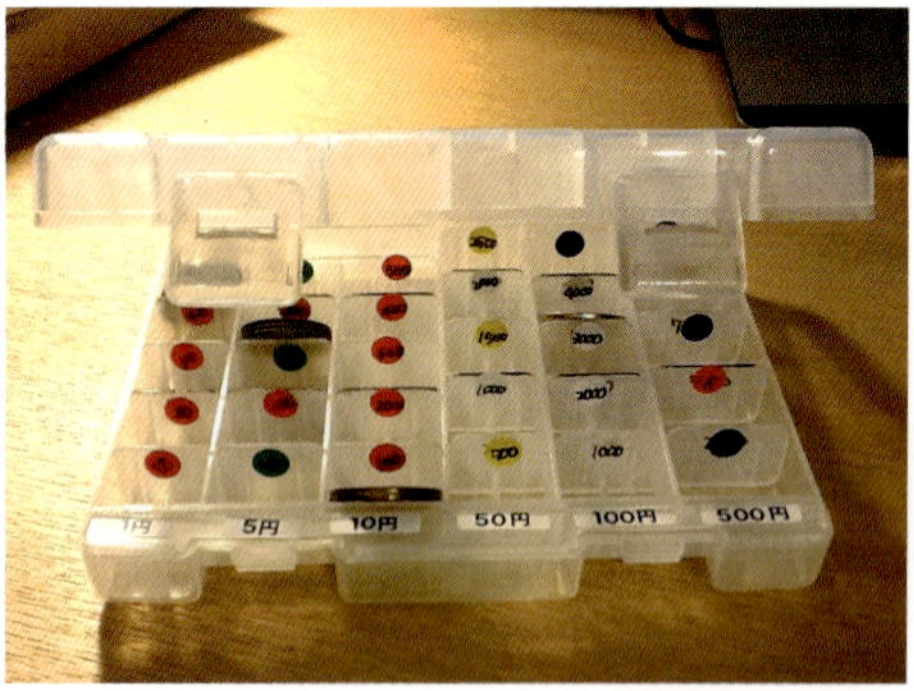

9 コインケースの両替えあそび
（111ページ）

▶「両替してあげるから、10円が10コ貯まったら教えてね」と声かけして、現金で両替えあそびをすると、繰り上がり・繰り下がりの理解がスムーズです。

10 かおパレット
（125ページ）

▶親子のコミュニケーションの仲介役に、表情イラストと色で感情を一覧表にした「かおパレット」を作りました。

11 こえスケール
（128 ページ）

ダウンロード

▶スケールを見せながら、あらかじめ「今はこれくらいでね」など伝えたり、場面にそぐわない声の時は「今はどれくらいの声の時かな？」など確認します。

12 こまりスケール
（129 ページ）

ダウンロード

▶最初はスケールを指差しで意思表示できればＯＫです。次男はこれで、必要な時に「助けて！」「手伝って」が言えるように練習しました。

13 気持ちスケール
（249 ページ）

ダウンロード

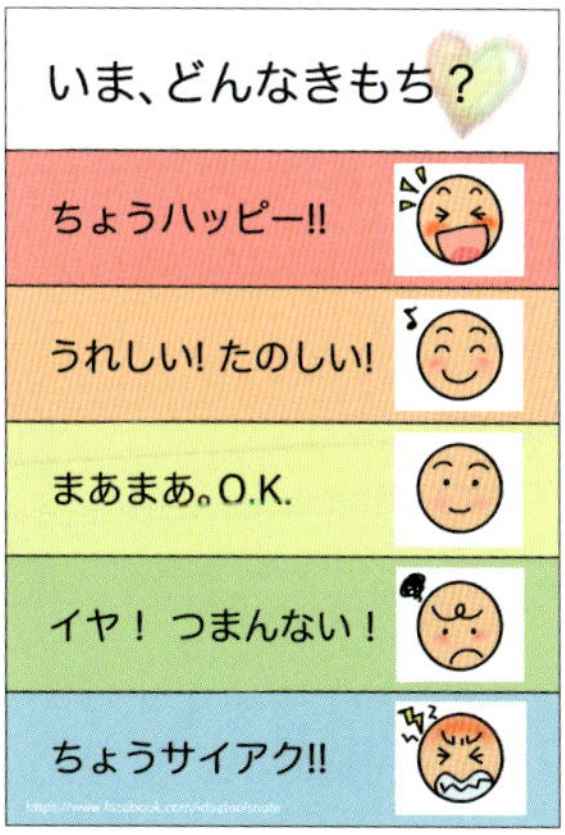

▶「感情をスケール化すると、気持ちを客観視できていいですよ」とのアドバイスを参考に、気持ちが段階的に見えるようにしました。

14 疲れスケール
（251 ページ）

▶自分の疲れに気づきにくい長男の「疲れている証拠」を、身体症状で表して、自分で体調管理しやすくしたもの。

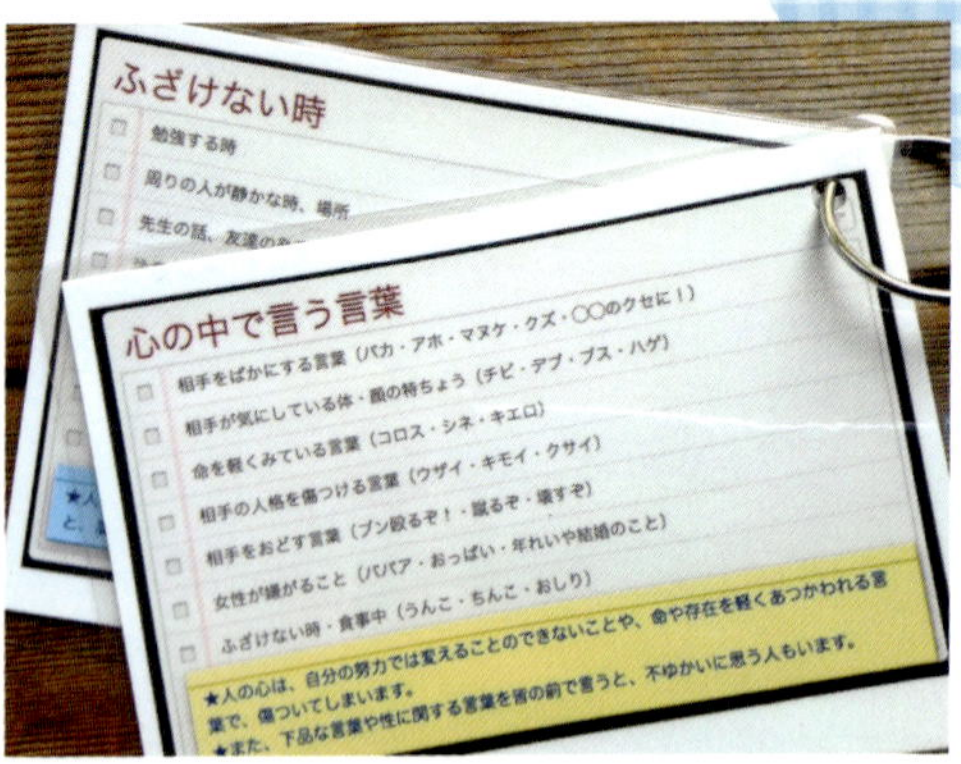

15 TPOリスト

（131ページ）

▶「空気の読めない子」に、やっていいことといけないこと、言っていいことといけないことなどを、ひとつひとつ入力していくため、一緒にリストを作っています。

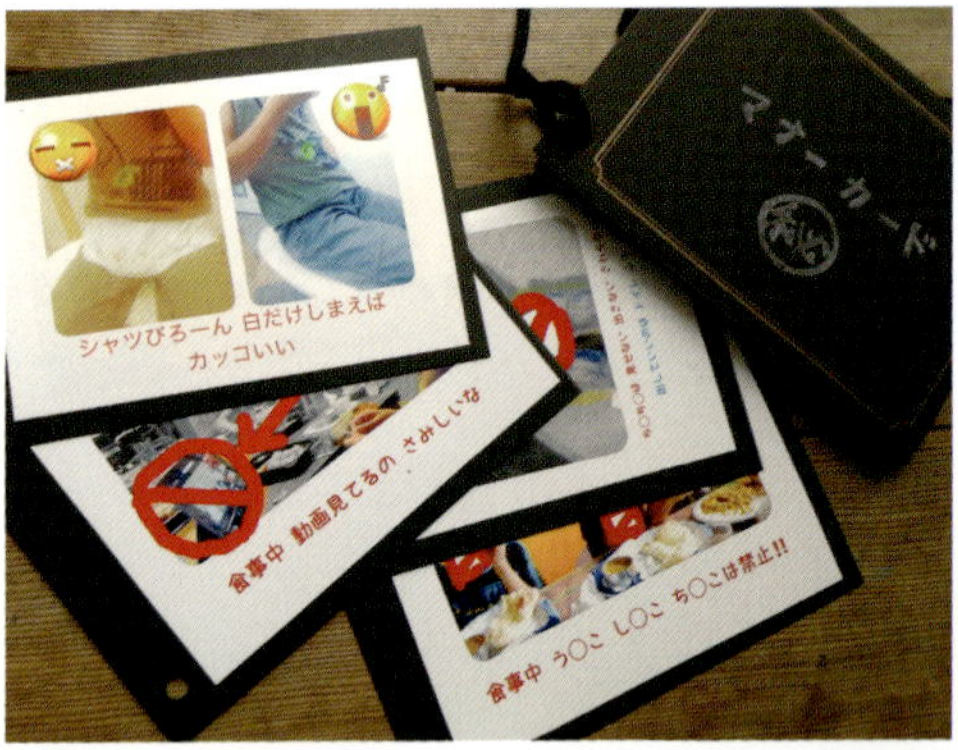

16 マナーカード

（134ページ）

▶子どもがあんなことやこんなことをした時のために作りました。写真とスマホの落書きアプリで簡単に作れます。

17 順番カード

（136ページ）

▶100円ショップのカード立てに、カードに手書きで数字を書いた番号札。家庭内の交通整理用です。

18 ルールブック（141ページ）

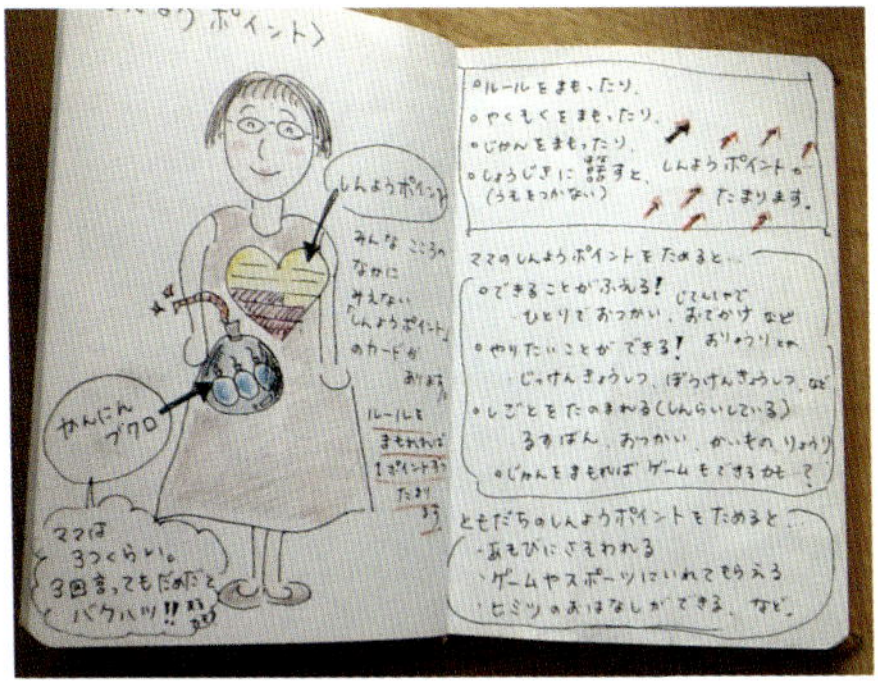

▶ゲームや、友だちに謝る時の流れなどの世の中のルールを、我が家オリジナルの「ルールブック」にまとめています。

19 母レターより「好奇心の分かれ道の図」（142，283ページ）

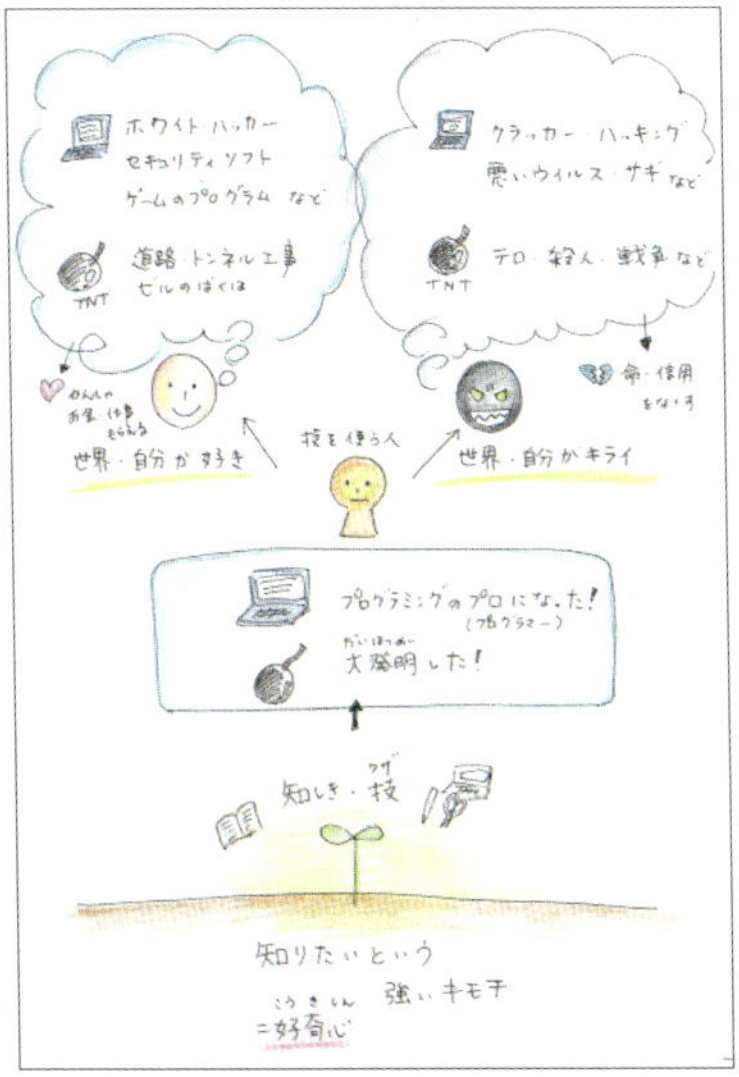

▶私が親として伝授しておきたい「処世術」を、レポート用紙にルーズリーフに綴ったもの。好奇心の芽は、善用するか、悪用するかで、人生の明暗が分かれます。

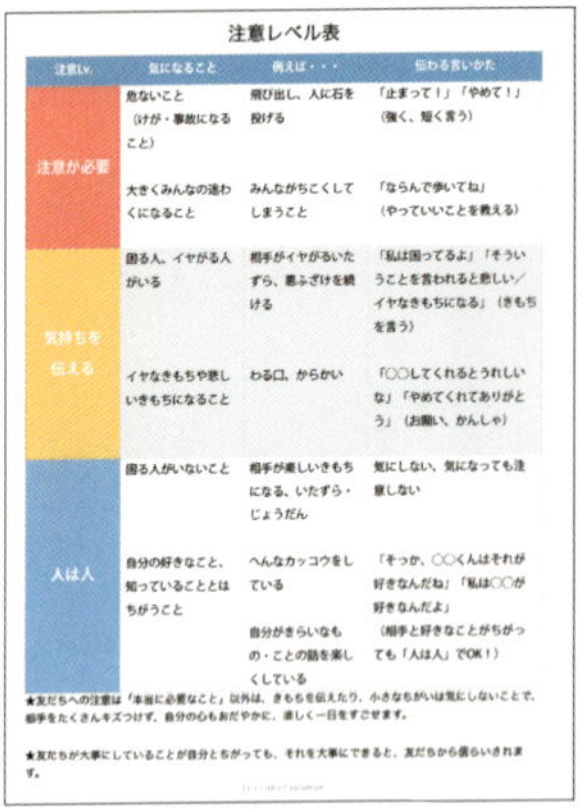

注意レベル表

注意Lv.	気になること	例えば・・・	伝わる言いかた
注意が必要	危ないこと（けが・事故になること）	飛び出し、人に石を投げる	「止まって！」「やめて！」（強く、短く言う）
	大きくみんなの迷わくになること	みんながちこくしてしまうこと	「ならんで歩いてね」（やっていいことを教える）
気持ちを伝える	困る人、イヤがる人がいる	相手がイヤがるいたずら、悪ふざけを続ける	「私は困ってるよ」「そういうことを言われると悲しい／イヤなきもちになる」（きもちを言う）
	イヤなきもちや悲しいきもちになること	わる口、からかい	「〇〇してくれるとうれしいな」「やめてくれてありがとう」（お願い、かんしゃ）
人は人	困る人がいないこと	相手が楽しいきもちになる、いたずら・じょうだん	気にしない、気になっても注意しない
	自分の好きなこと、知っていることとはちがうこと	へんなカッコウをしている	「そっか、〇〇くんはそれが好きなんだね」「私は〇〇が好きなんだよ」
		自分がきらいなもの・ことの話を楽しくしている	（相手と好きなことがちがっても「人は人」でOK！）

★友だちへの注意は「本当に必要なこと」以外は、きもちを伝えたり、小さなちがいは気にしないことで、相手をたくさんキズつけず、自分の心もおだやかに、楽しく一日をすごせます。

★友だちが大事にしていることが自分とちがっても、それを大事にできると、友だちから信らいされます。

20 注意レベル表

（164ページ）

ダウンロード

▶注意が必要なこと、気持ちを伝えれば分かってくれそうなこと、「人は人」とスルーしたほうがいいこと、と3段階に分け、具体例と対応を表にまとめました。

21 次男の作品

（185ページ）

▶触覚過敏があり、のりと絵の具を触れなかった次男は、さりげなく先生に配慮をお願いし、卒園の頃には自分一人で工作ができるようになりました。

22 長男の持ち込むiPad

（200ページ）

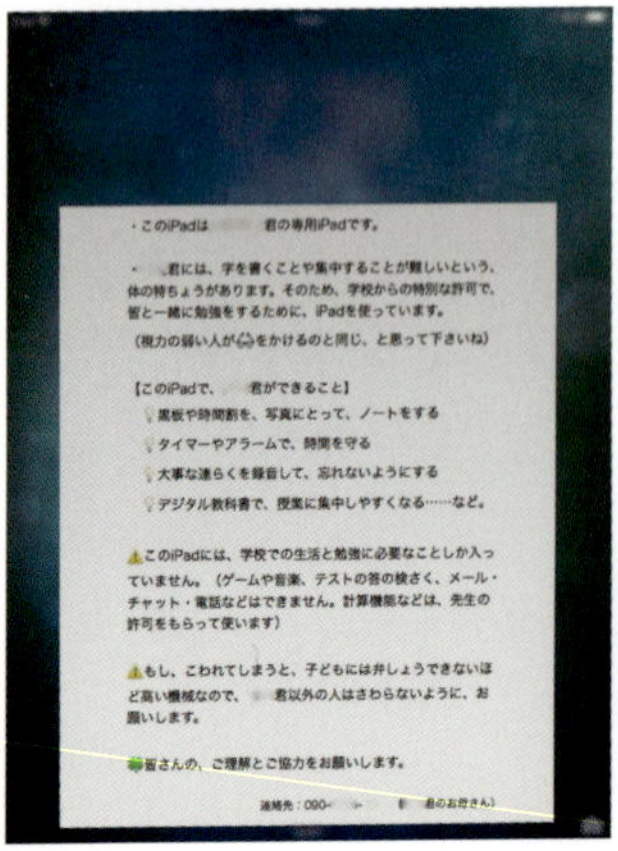

・このiPadは　君の専用iPadです。

・　君には、字を書くことや集中することが難しいという、体の特ちょうがあります。そのため、学校からの特別な許可で、皆と一緒に勉強をするために、iPadを使っています。

（視力の弱い人が👓をかけるのと同じ、と思って下さいね）

【このiPadで、　君ができること】

- 黒板や時間割を、写真にとって、ノートをする
- タイマーやアラームで、時間を守る
- 大事な連らくを録音して、忘れないようにする
- デジタル教科書で、授業に集中しやすくなる……など。

⚠このiPadには、学校での生活と勉強に必要なことしか入っていません。（ゲームや音楽、テストの答の検さく、メール・チャット・電話などはできません。計算機能などは、先生の許可をもらって使います）

⚠もし、こわれてしまうと、子どもには弁しょうできないほど高い機械なので、　君以外の人はさわらないように、お願いします。

皆さんの、ご理解とご協力をお願いします。

連絡先：090-　　（　君のお母さん）

▶現在、LDのある長男は毎日学校にiPadを持って、学習の補助に使わせて頂いています。ロック画面には、iPadを使う理由の説明書きを設定しています。

23 あいまい表現シート（218ページ）

ダウンロード

あいまい表現シート					
%	0%	1%～	50%	～99%	100%
ものの量	ない・からっぽ empty	ちょっと・やや 少し・少々・S	まあまあ・半分こ レギュラー・M	結構・大体・ほぼ いっぱい・L	ぜんぶ・充分 満タン・Full
刺激	無	ほんのり・少なめ ソフト	ふつう・中くらい マイルド	はっきり・多め・濃いめ	強い・キツイ こってり
力	だらーん	そうっと やさしく	ほどほど 手加減して	ぐーっと がんばって	全力・フルパワー 思いっきり
動きの早さ	フリーズ・停止	ゆっくり ていねい	いつものように 平常運転	ささっと・素早く 雑・テキパキ	大急ぎ・超特急 大至急
考え・意思	無心	ぼんやり・弱い ぼーっと	なんとなく テキトー・柔軟	しっかり ちゃんと	かたい・強い
態度	無関心	冷静・クール	曖昧・もじもじ はっきりしない	温かい・好意的	熱い・熱心 一途・情熱
すごさ	謎・未知数・？ 意味不明・不可	ビミョー・惜しい イマイチ・可	合格・平均的 OK・Good・良	スゴイ・すばらしい・Great・優	超・激・神技 完ペキ・Perfect
気持ちの重さ	スカッと・爽快 スッキリ	うきうき・わくわく・そわそわ	落ち着く ほっとする	もやもや どよどよ	どーん・ずっしり
可能性	不可能・ムリ	奇跡・レア	半々 50/50	多分・まず大丈夫	絶対

▶子どもに中間表現を教える時に役立つ、視覚的に工夫した一覧表です。

24 ステータス・ゲージ（253ページ）

ダウンロード

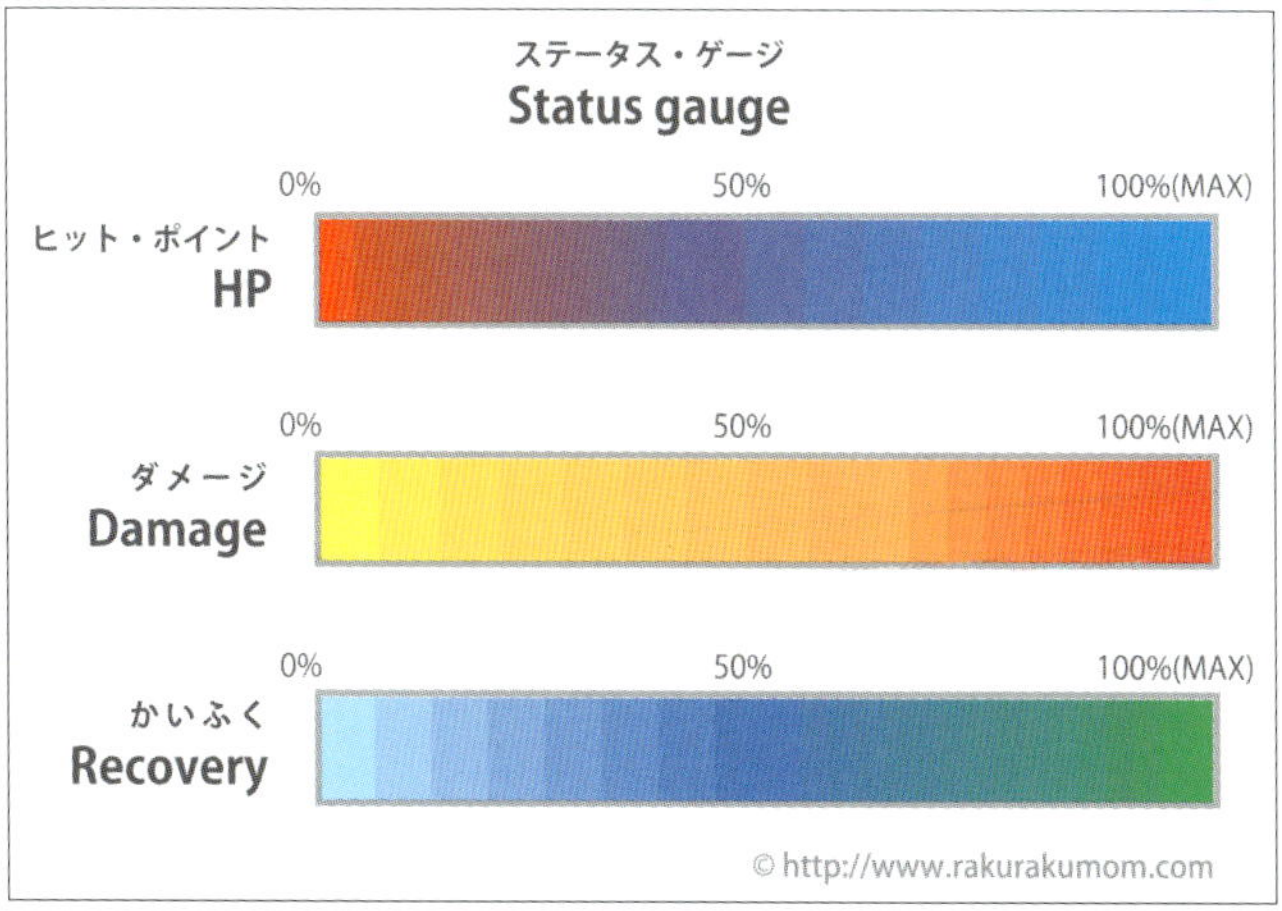

▶RPGや格闘ゲームが大好きなうちの子たちに分かりやすく、痛みのスケールをゲーム風のHPとダメージ、回復のステータス表示で表しました。

25 手作りサンドバッグ（256 ページ）

▶子ども達には「怒ってはダメ」ではなくて、腹が立った時には、サンドバッグなどで感情を表現し「やっていいこと」を教えています。

26 パソコンに例えて自己理解（275 ページ）

ダウンロード

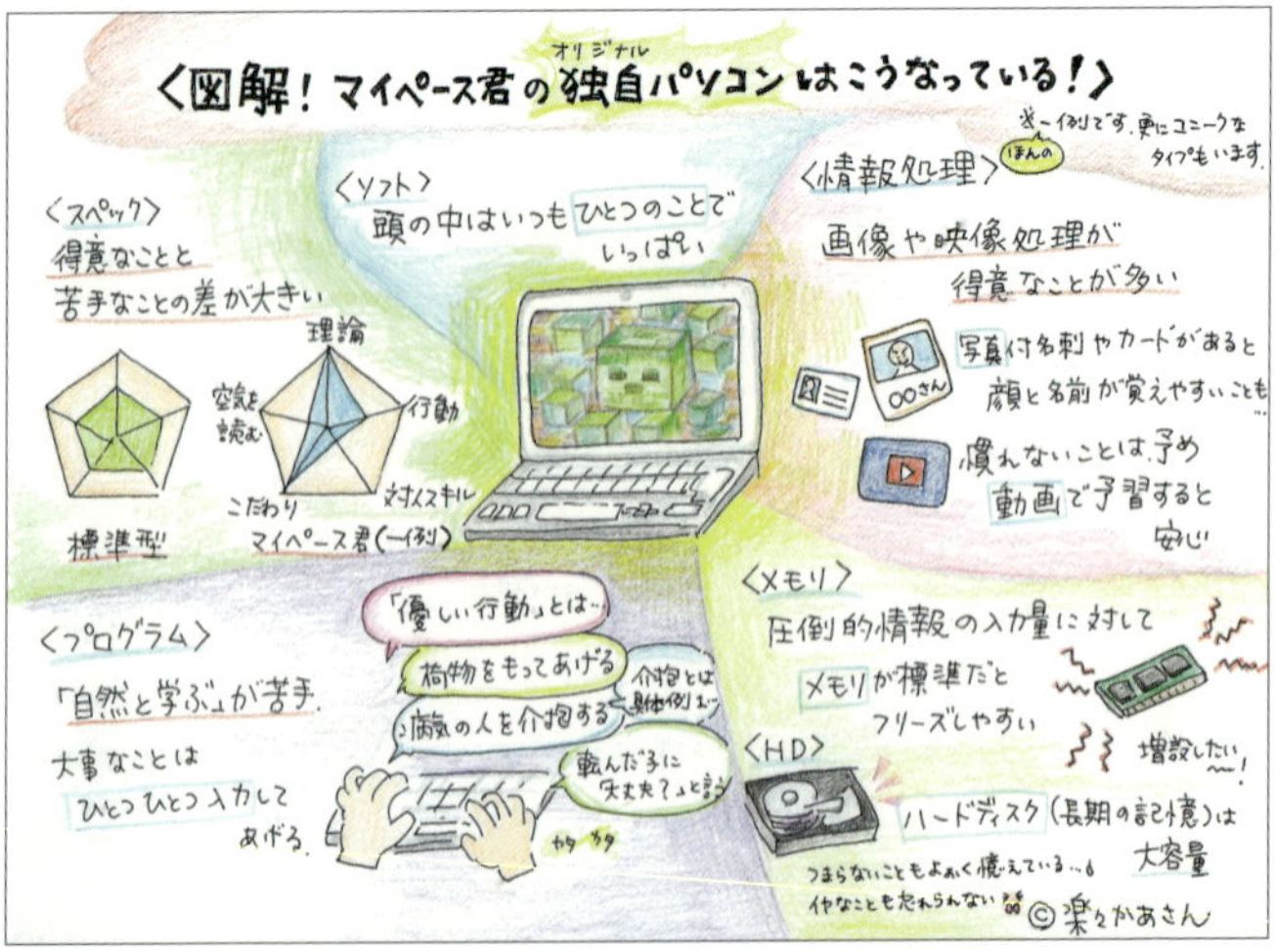

▶自分のことを理解するために、マンガのキャラクターや興味のあるパソコンなどに例えて説明しています。

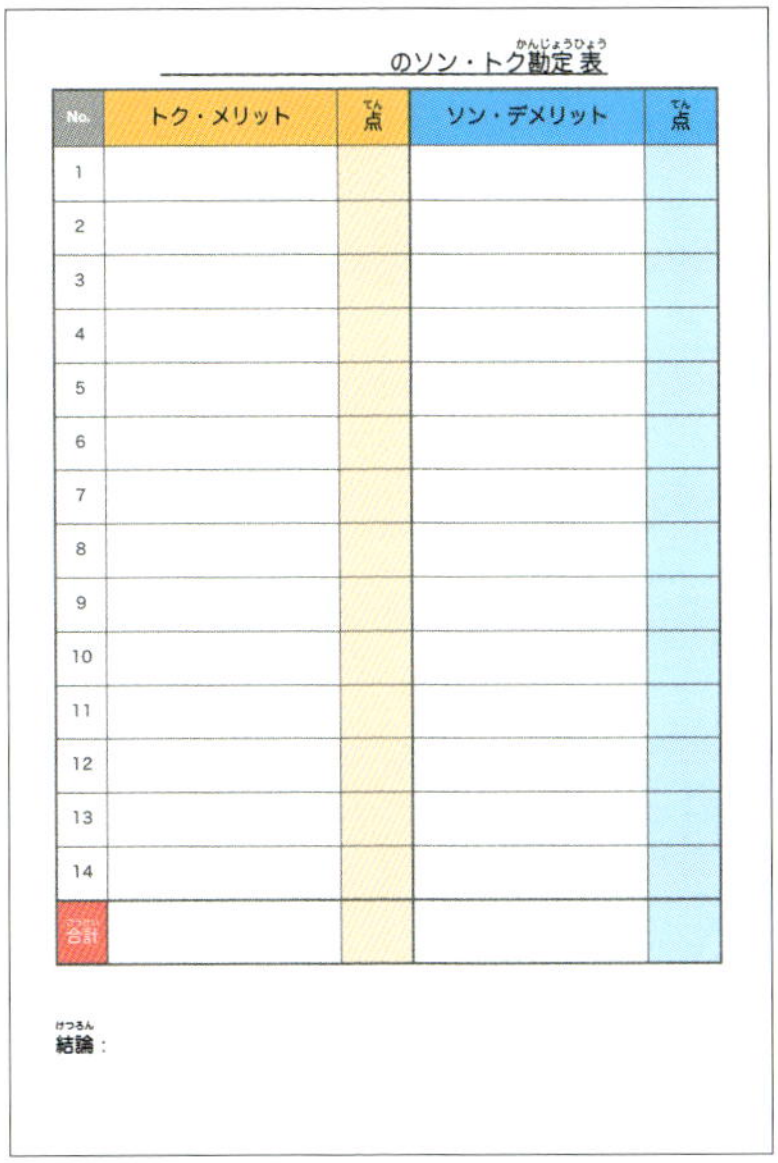

＿＿＿＿＿＿のソン・トク勘定表《かんじょうひょう》

No.	トク・メリット	点《てん》	ソン・デメリット	点《てん》
1				
2				
3				
4				
5				
6				
7				
8				
9				
10				
11				
12				
13				
14				
合計				

結論《けつろん》：

27 ソントク勘定表

（276ページ）

ダウンロード

▶子どもが何かを決める時に、分かりやすくメリット・デメリットを見比べて、ものごとを両面から判断するためのワークシートを作りました。

＿＿＿＿＿＿さんが困っていること分別相談シート

今「　　　　　　　　　　」のことで困っています。

※相談する人は、今困っていることを小さく分けて、表に書いたり、ふせんをはって整理してみましょう
（例：運動会で、応援→「できること」、かけっこ→「心配なこと」、組み体操→「ムリなこと」など）

できること	心配なこと	ムリなこと
見守って下さい	説明をお願いします	配りょをお願いします

※相談される方は、心配なことやムリなことについて、一緒に相談にのって頂けますようお願いします。詳しい説明や箇条書き、手順、マニュアル、写真・動画などのイメージやお手本等で、心配が減ることがあります。また、道具の工夫や、時間や場所・環境を調節して頂けると、できる場合があります。どうしてもできない場合にはどうしたらいいか、「やっていいこと」を教えて頂く等、ご配慮頂けると助かります。

「困っていること分別相談シート」の無料ダウンロード→http://www.rakurakumom.com

28 困っていること分別相談シート

（279ページ）

ダウンロード

▶自分の困っていることを整理し、それを自分で先生などに相談して、配慮をお願いする時の助けになるように作りました。

29 ままのお支度リスト（287 ページ）

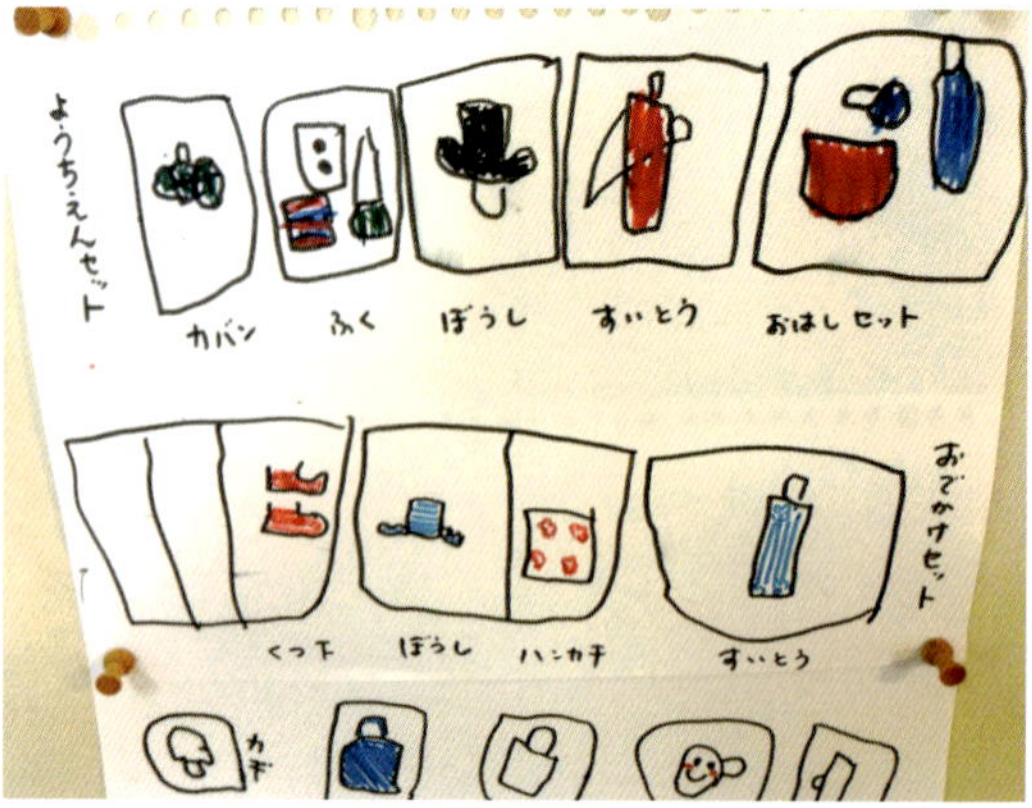

▶私がうっかりミスを連発していたら、長女が「まま！　これを見れば、忘れないでしょ!?」と、イラストで作ってくれました。

30 パートナーと歩みよれる声かけ（321 ページ）

ダウンロード

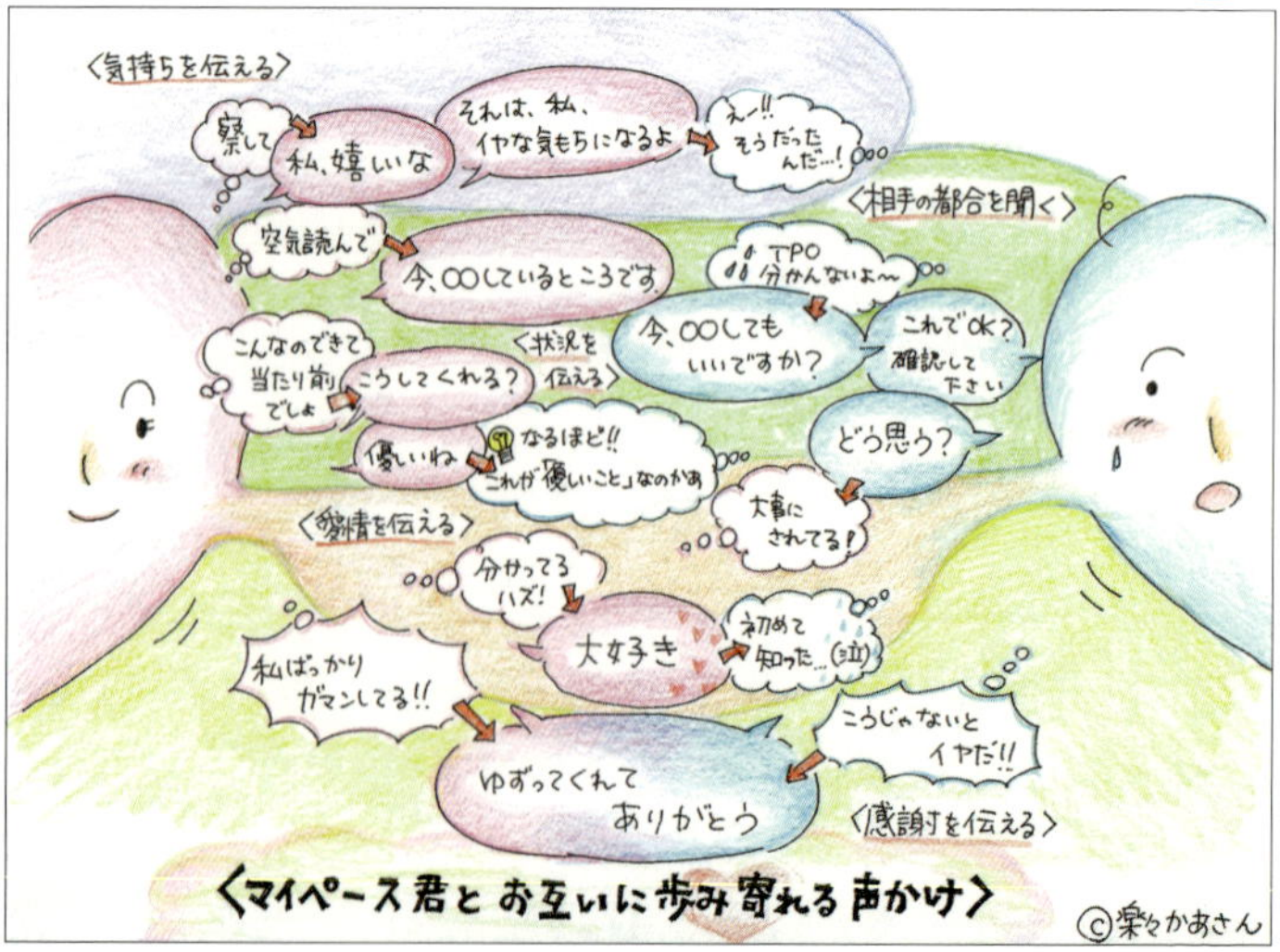

▶「察して」が通じにくいパートナーとは、気持ちや状況を言葉にしてはっきり伝え、妥協できたら感謝することで、お互いに歩み寄れます。

〈楽々式〉かんしゃく・パニック対応表

ダウンロード

	かんしゃく	パニック
原因	不満・怒り （がまんのし過ぎ）	不安・恐れ （予測できないから）
1 自分が落ち着く	**子どもの感情に巻き込まれない　★ここが勝負！** **ひと呼吸し、1：1で気長に対応できるよう、工夫する** カートを預ける、店を出る、下の子を見てもらう、別室に移動する、など。 その場を丸くおさめなくていい。	
2 寄り添う	**気持ちを否定せずに聞く** 「そうかあ、それは嫌だったね〜」「それは、腹が立つよね」「そっか、そっか」と、言葉のサンドバックで受け止める。	**救出し、情報を減らして、安心させる** 刺激を減らす。「ここにいるよ」「待ってるよ」とそばで見守るか、そっとしておく。
3 少し落ちついたら……	**「やっていいこと」を言葉と行動で教える** 合理的な説明をする、妥協する手本を見せるなど。	**気持ちに共感し休ませる** 「怖かったね」「イヤだったね」と共感し、休ませる。体を温めるなど。
4 ケア	**認めて自尊心の回復** 「いっぱいガマンしたんだね」「やめてくれてありがとう」など認め、感謝を伝える。	**肯定し無力感をケア** 「〇〇しただけでも、よくがんばったね」とできてることに気づかせ、存在を肯定する。
予防法	**日頃から、泣き叫ばなくても　★一番大事！** **肯定的関わりが得られることを前払いしておく** 愛情を分かりやすく伝える、「やっていいこと」を肯定形で伝える、環境調整、予定変更の可能性と対処法を予め教える、疲れたら休む、など。	

※本表は、本書読者限定ツールとなります。詳細は本文をご参照ください。
※ご家庭の実際の状況に合わせて判断し、自己責任においてご参考ください。

凸・長所・得意なこと	活かし方の例
意志が強い、粘り強い	研究者、○○博士
職人気質、責任感が強い	完成度の高い仕事
大らか、柔軟、器が大きい	ムードメーカー
細部に気がつく、繊細でやさしい	人を癒す、ケアする
自分の意見を言える、主張できる	プレゼン、論文、弁論
人に合わせられる、気配り上手	人のフォロー、援助
実行力がある、メンタルが強い	既成の価値観の打破
ユニーク、独自性が高い	カリスマ、特許
サービス精神旺盛	人を楽しませる
好奇心旺盛、視野が広い	グローバルな仕事
親しみやすい、ほっておけない	人気者
発想力が豊か、クリエイティブ	アイデア、企画立案
状況を楽しめる、逆境に強い	苦難の乗り越え
行動力がある、バイタリティがある	起業、活動家
克己心が強い	トップランナー
しっかりしている、世話好き、母性的	保護、世話役、おかん
情緒豊か	表現、創作活動
感受性が強い	表現、創作活動
決断力、行動力がある	攻めの経営、短期投資
慎重、沈着冷静、判断力がある	安定型経営、長期投資
自立心が強い、自分と向き合える	個人事業、哲学、求道
ていねい、確実	精度の高い仕事
正直、裏表がない	評論、コラムニスト
真面目、信頼感がある	士業、人を守る
口が堅い	秘密の保守、聞き役
発言力がある、率直	広報、宣伝、情報発信
頼りがいがある、面倒見がいい	リーダー、アニキ
甘え上手、頼り上手	人と人とを繋ぐ、仲介役
ポテンシャルが高い、信念が強い	役に立つ、感謝される
安定している、バランス感覚に優れている	常識的、ツッコミ役
できない人の気持ちを分かる・合わせる	人に教える、導く
挑戦したことが多い	プロ、専門家
長所、得意なことが多い	どんな可能性も!

凸凹変換表（いいところ・長所編）

ダウンロード

凹・短所・苦手なこと	1.2.3
こだわりが強い・頑固	
完璧主義	
こだわらない、無頓着、ズボラ	
小さなことにくよくよする、心配性	
ワガママ、人の話や意見を聞かない	
引っ込み思案、意志が弱い	
空気が読めない	
共感力が弱い、人の気持ちが分からない	
お調子者、失言が多い	
集中力がない、気が散りやすい	
うっかり屋、ミスが多い	
片づけられない	
不謹慎、場をわきまえられない	
落ち着きがない	
負けず嫌い	
口うるさい、お節介	
気まぐれ、気分屋	
好き嫌いが激しい、偏屈	
短気、あわてんぼ	
ものぐさ、腰が重い	
人づき合いが苦手	
作業が遅い	
口が悪い、無神経	
融通がきかない、冗談が通じない	
無口、無愛想	
口が軽い、ウソがつけない	
支配的、ワンマン	
主体性がない、他力本願	
コンプレックスが強い、多い	
フツー、これといった取り柄がない	
できないことが多い	
失敗が多い	
欠点、苦手なことが多い	

続・声かけ変換表 ダウンロード

勇気づけ、できてるところを見る声かけ

before → 1.2.3 →	after	memo
○年生ならみんなできてるよ	去年よりできるようになったね!	基準は本人
次は○○もできるといいね	(これが)できたね!	次の課題は言わない
あ〜、ここが間違ってるよ	おお! ここまではできているね	できてるほうを見る
○○君、すごいね、うちの子なんて……	○○君、すごいね	手前を下げない
がんばってね!	がんばってるね!	1字だけ変える

周りを見て、状況判断を促す声かけ

before → 1.2.3 →	after	memo
集中しなさい!	何やってたんだっけ?	今に戻す
これして! あれして!	どうすればいいと思う?	考えを聞く
	どうすればいいんだっけ?	記憶の手がかり
もう、何やってんの!?	○○さんは今なにしてる?	手本に気づかせる
	今、何するときだと思う?	周りを見せる
空気読んで!	今はみんなで○○しようとしているね	状況を伝える
	○○さん、体調が悪いみたいだよ	状態を伝える
しつこい!	ママ、だんだんハラ立ってきたよ	感情を伝える
ま〜た忘れてる!	それでOK?	確認する

自分で考え、手を離してゆく声かけ

before → 1.2.3 →	after	memo
ぞうきんで拭けばOKだよ	それで(どうする)……?	自分で対処する
音が大きいと頭痛くなる人もいるから、病院ではゲームの音OFFにしてね	ここは(どんな場所)……?	自分で判断する
お母さん、ケガが心配だなあ	そうすると(どうなる)……?	自分で予測する
どうすればいいと思う?	例えば(具体的には)……?	具体的に行動する
声を「これくらい」にしてくれる?	(小さな声で話しかける)	自分で修正する
今はみんなで○○しようとしているね	(ツンツンつつく、チラッと見る)	自分で気がつく
がんばってるね!	(離れて見守る)	自分でできる!

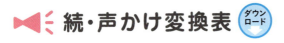

発達障害&グレーゾーンの3兄妹を育てる母のどんな子もぐんぐん伸びる120の子育て法

大場美鈴（楽々かあさん）
〔監修〕汐見稔幸　白梅学園大学 学長

ポプラ社

はじめに

お元気でしたか？

私は、相変わらず3人の子どもの子育て真っ最中。「お母さん業」という過酷な労働条件のブラック企業で、無償の愛情を搾《しぼ》り取られながら、毎日それなりに楽しく、子ども達と泣いたり怒ったり笑ったりして過ごしています。

前著『発達障害&グレーゾーンの3兄妹を育てる母の毎日ラクラク笑顔になる108の子育て法』では、今、大ピンチのお母さんがすぐにできる、緊急性と即効性の高いアイデアを中心に掲載し、まずは親子で自信を回復できるようにと思い、執筆しました。

その続編であるこの本では、子どもをのびのび伸ばしていくアイデアを全部で120、忙しいお母さんがなるべく負担が少なくできるように提案しながら、がんばれた時も、そうでない時も、お子さん、そしてお母さんご自身の凸も凹も、愛おしく感じられるようになっていただけたら、と願っています。

▼凸と凹はどっちも大事。合わせて一人の子
――フツーの子ってなんだろう？

おかげさまで、最近私のもとにたくさんのお母さん達からの嬉しいお声が届くようになりました。その一方で、育児や療育をがんばり過ぎているお母さんも多く、心を痛めています。

発達の凹の部分をなんとか克服するために、一生懸命療育に通ったり、家庭でトレーニングをがんばり過ぎたりして、疲れてしまっているのです。

子どものために親ががんばろうとすることは、本当に素晴《すば》らしいことです。私も結構がんばってきたほうなので、気持ちは痛いほど分かります。でもね、私が今までうちの子達の育児・療育を「できる範囲で、できること」をやってきて、実感として思うのは、**「凸だけ、凹だけの子はいない」**ということです。

どんなに療育をがんばっても、完璧な子にはなりません。そんな子は一人もいませ

ん。そして、凸と凹はどっちも大事。合わせて一人の子です。

たとえば、うちの長男のうっかりして落ち着きのないところを、私ががんばって欠点克服させたとしたら、私の心配事は減るかもしれませんが、きっと、好奇心旺盛でキラキラしたイタズラっ子の目をした彼には、二度と会えなくなります。

「好奇心旺盛」には、もれなく「落ち着きのなさ」がついてきます（バーターです！）。子どもがきょろきょろそわそわしている時に、親の頭に先にどちらの言葉が浮かぶかで、子どもの凸は凹になり、凹は凸になるんです。

最低限、カギとサイフと命だけはうっかり落とさないよう、自分の凸凹との上手なつき合い方を教え、苦手な凹はモノで補い、人の力を借りられるようにして、療育は親子で気長に取り組めればOKだと思いながら、負担を減らす工夫をしています。そして、得意満面の笑みで、夢中で庭に落とし穴を掘り続ける長男を見ていると「一体、この子のどこに問題があるのだろう？」と疑問に思うこともしばしばです。

最近私は、長男の内側に「障害」を感じることが少なくなり、**「健全で健康な凸凹男子」**なのだと思うようになりました。

「フツー」って、そんなに素敵《すてき》なものでしょうか？　そして、どんな子にも凸凹（個性）はあるのだから、本当は「フツーの子」は一人もいないんです。

▼「今が100点」からスタートする

――育児・療育をがんばり過ぎているお母さんへ

もしも「フツー」を目指して、親も子も「このままではダメだ」と思っているとしたら、つらいですよね。それでもやっぱり、私だって子を思えばこそ、あらゆる可能性は諦めたくないですし、そんな親心は誰からも責められるべきものではありません。

一生に一度のあなただけの育児です。他人の目は気にせず、自分の親としての直感を信じて、いいと思ったことを思ったとおりに納得いくまでやってみれば、結果にかかわらず後悔はしないと思います。

だから、身体を大事にしつつ、本当にがんばりやさんのあなたに、私から伝えたいことがあります。

今現在、お子さんが無事に生きていること、そして、そんなお子さんをあなたが今日まで育ててこられたこと、そのこと自体にまず100点をあげて下さい！

お子さんも、お母さんも、当たり前のフツーの生活をするのに、人10倍がんばってきたんですから。身支度、登校・登園、食事、入浴、宿題、友だちと遊ぶ……こんな毎日の何気ないことが、イチイチ大変なんですものね。

今、無事に生きているだけで、お子さんもお母さんも100点満点です。

3食食べさせているだけでも（それがたとえ、レトルトカレーでも、レンジでチン！　でも）、すでに充分がんばっているんです。だから、他のお子さんができていることをなんとかできるようにする、皆に追いつく、遅れを取り戻す、というマイナスからの出発ではありません。

「今が100点」からのスタートです！

その上で、親子で無理なく「できる範囲で」がんばってみて、もしも、できることがほんの少しでも増えれば、120点、130点なんです。

もし、育児・療育が全然、期待どおりにできなくても、すでに100点。そして子どもは、ご飯を食べて寝るだけで、昨日よりも確実に成長しています。

▼自己紹介
――凸と凹は、私の財産

私は「うちの子専門家」として、うちの子達の子育てを本業にしながら、凸凹育児に役立つアイデア支援ツールを多数発明し、「楽々かあさん」としてFacebookを中心に情報発信をする活動を現在も続けています。

おかげさまで、前作が大変好評だったこともあり、最近「どうしたらそんなにアイデアが出るんですか？」というご質問を、取材等でいただく機会が増えました。

その秘密は「体質的にアイデアが出やすい」からです。そう、実は私「大人の凸凹さん」なんです。うちの子達と同じような凸凹傾向があり、得意なことがある反面、できないこと、苦手なこともたくさんあるんです。

でも、そんな苦手なことや、短所・欠点・失敗も多い私だからこそ、子どもの凹の部分の「できない目線」に合わせて工夫することができます。

そして、凸を活かして、多くのお子さん・お母さんの役に立つ活動ができる反面、対人関係の苦手さや集中力の偏りもあり、環境に左右されやすく、メンタルも決して強くはありません。だからこそ、育児を毎日がんばっているお母さんが、つい怒ってしまう、イライラしてしまう、というお悩みにも寄り添って発信することができます。

　私は、自分の凸の部分と同じくらい、凹の部分を財産のように思っています。

　この本では、大ピンチの状態から脱出し、少しだけ自信を回復できたお子さん・お母さんが、安心して自分の世界を外側にも内側にも広げていけるように、凸を伸ばす工夫、凹の負担を減らす工夫、そして自分の凸凹を受け容《い》れながら、上手につき合っていく工夫を、可能な限りすべてお伝えして、全力で応援したいと思っています。

　そして、私の凹の部分でもある対人関係のことも、「できない目線」に合わせて、逃げずに向き合い、具体的にお伝えしますので、きっとお役に立てると思います。

　毎日子育てをしていると、子どもと自分のできないこと、苦手なことを目の前に突きつけられることばかりです。でも、その中でこの本がありのままのお子さんやお母さんご自身の中にある、愛おしさを発見していく手がかりになれば幸いです。

2017年1月

大場美鈴（楽々かあさん）

家族紹介

「凸凹さん一家」お元気です

パパ（とうちゃん・研究者）

ASD+ADHDの傾向があり、すぐにどこかに行く。理工系の研究室で機械に囲まれている。少年の瞳をした中高年。リラックス法は身体を動かすことと、一人で歌うこと。

私（かあちゃん・アイデア主婦）

ASD+ADDの傾向がある「大人の凸凹さん」。記憶の整理と人づき合いが苦手。手先が器用で、アイデアはいくらでも出る体質。リラックス法は早朝の無音時間。

長男（○太郎・小5）

ASD+LD+ADHD。ユニークで発想力が豊か。健全で健康な凸凹男子。通常学級から特別支援学級に自分の意思で転籍。リラックス法はくすぐりあそびと愛犬になめられること。

次男（○次郎・小3）

ASD+ADD傾向のあるグレーゾーン。真面目で優しい、地蔵系男子。聴覚・触覚が敏感。通常学級在籍。リラックス法はゴロ寝と母の背中かき。

末っ娘（○子・幼稚園児）

未診断。やや感覚過敏の傾向。世話好きで、チャーミング、社交的。空想力と色彩感覚が豊か。リラックス法は、お散歩とおうちごっこと母のひじを触ること。

愛犬（わんこ・1歳）

ADHD傾向がある、正統派のわんこ女子。趣味はくつ下とミミズの干物集め。リラックス法は、お散歩と帰宅した家族をなめること。

もくじ

1章 家庭でできる親子あそび編

2章 生きる力・考える力を伸ばす工夫編

3章 ソーシャルスキルを身につけるコツ編

4章 友だち関係といじめ対策編

5章

学校との連携と合理的配慮編

6章 こだわり・かんしゃく・パニック対応編

7章

自己理解とセルフコントロール編

8章

人づき合いがしんどい時の処世術編

＊本書の内容は2017年1月現在のものです
協力　リタリコ発達ナビ（項目63、65、68〜71）
本文デザイン　松好那名（matt's work）

1章

家庭でできる親子あそび編

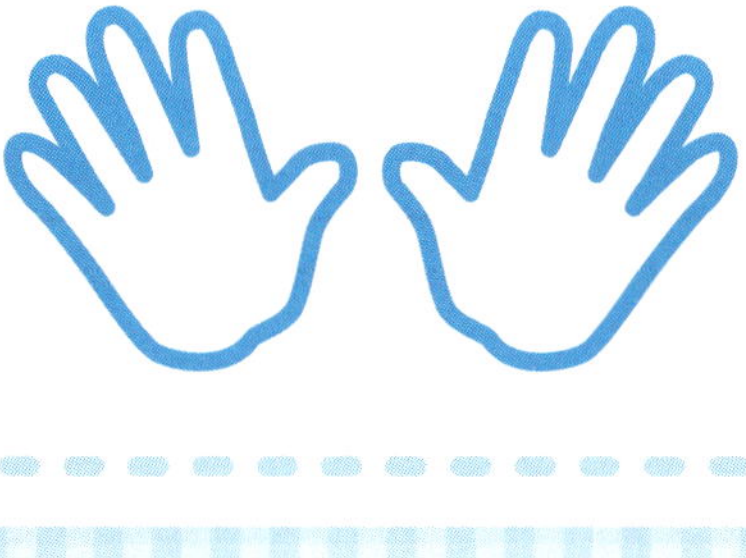

1

うちの子の発達、大丈夫……？

身体と心の体力作りは何歳でもＯＫ

どんな子にも、身体と心の育ち方にはその子だけの発達の特徴があります。特に発達障害のある子は、ぐんぐん育つ部分とゆっくり育つ部分の差が、大きくなる傾向があるようです。そのオリジナルな発達を、適度な運動やあそび、言葉やコミュニケーションのトレーニングを通して、ゆっくり部分の発達を促しながら、環境に適応しやすく導いていくことが**「療育」**です。

花粉症にたとえるなら、マスクや空気清浄機を使って工夫しながら適度な運動や食事などで免疫力を高めれば、アレルギー体質そのものがなくなるわけではなくても、春先でも日常生活に支障が出るほどの身体の負担を少し減らすことができます。

これと同じく、「療育」は、心と身体の体力をつけて、発達の凸凹による負担を少し軽くしてくれます。

療育法は様々ありますが、うちではまず親子のアタッチメント（愛着）を深めて心身を安定させることを中心軸に、感覚統合療法やビジョントレーニング、ＡＢＡ（応用行動分析）療育など、信頼性の高い療育法を基本にしつつ、参考になりそうなものは柔軟に取り入れたオリジナルの療育レシピです。その中で、実際にやってみて、うちの子達の反応がよかったものや多少なりとも効果が感じられたものを選んで、紹介していきます。

療育は「早期に行うのが望ましい」と言われることがありますが、うちの長男のように、乳児健診で目立った言葉や知的な遅れの指摘がなかった場合など、公的な機関での早期療育を受けずに小学校に入学し、トラブルが増えてから気づくことも多いようです。また、専門の機関につながっても、希望者が多く、数ヶ月に一度しか療育の予約が取れない場合もあります。

療育はいくつになっても、家庭でも（むしろ家庭でこそ！）、できることはたくさんあると思っています。早期療育を逃しても、全然大丈夫！　長男は小1から。私なんて30代後半からですよ。親も子も、何歳からでも遅過ぎるということはありません。

2
周りを見ると焦ってしまう
スキンシップは一番の栄養

療育は、もちろん、おうちで毎日手軽に行うことができます。それに、「うちの子専門家」であるお母さんは、お子さんの世界一のプロフェッショナルですからね。

一般的に「療育」という言葉は、「治療」＋「教育」＝「療育」という意味ですが、私は、家庭では「療養（ケア）」＋「育児」＝「療育」と考えています。つまり、私は、発達障害を治そう、フツーの子にしよう、ということを目的に療育をしていません。その子に合った適切な教育は必要だと思いますが、療育を家庭で行う場合、「お母さんにしかできないこと」を優先したほうがいいと思っています。

ただでさえ毎日本当に基本的なことを、「凸凹さん」はものすごくがんばってやっています。私は、家で集団生活でかかっている心身の負担をケアし、リラックスさせ、できるだけ休ませてあげれば、「できるようになりたい」という意欲が、自然と出てくるものだと思っています。

「教育」は、専門家や、学校・園・塾の先生や、支援者さんもやってくれますが、「育児」はお母さんのお仕事です（もちろん、パパもです！）。

いろんな人の手を借りながらも、お母さんにしかできないことがいっぱいあります。だって、物心ついた子に、毎日ぎゅーとか、ちゅーとか、「あなたが一番大好き！」と言ったりするのは、他人にはちょっとお願いできないことですからね。

また、熱心に療育に励み、毎日時間を作って、子どもにしっかりつき合ってトレーニングをし、子どもの可能性を広げる努力を惜しまない親の姿は、本当に尊いものだとは、私も思います。何より、普段仕事や家事、他の弟妹の世話等で忙しいお母さん・お父さんが、自分のためだけの時間を作ってくれること自体が、お子さんの一番の励みになるでしょう。

ですが私は、トレーニングのために作ったのと同じ時間を、子どもを自分のひざの上に乗せて、イカフライでも食べながらダラダラ過ごしたとしても、まったく同じだけの価値があると、実際の経験から実感しています。

「自然と学ぶ」のが難しい子には、決して、何も教えなくていい、ほっといてもいいということではありません。ありのままを受け容れることと、何もしないでほっとくことは全然違います（前者は子どもの持っている力を心から信じ「この子はこれでいい！」と思えるからできることですが、後者は親の諦めや疲れや無関心、「障害」の拒否などが背景にあり、この場合先にケアが必要なのはお子さんではないのです）。

やっぱり、ちょっとだけ遠回りをして、いろんなことを少しだけ丁寧に、一つひとつ、あの手この手で、ほめたり認めたりしながら、教えてゆく必要はあります。

でも、それ以上に、親と子が毎日何気なく肌と肌で触れ合い、お母さんの愛情が分かりやすく言葉でも表情でも態度でも伝わり、家ではリラックスして休むことができると、子どもは「この世界は安心していいところなんだ」と気づき、外に向かってのびのびと伸びていく、健全で健康な心身の発達の土台になります。

私は、ここさえおさえておけば、あとはどんな療育をしようと、大きく間違うことはない、と気楽に考えています。

焦らなくても大丈夫。お子さんのペース、お母さんのペースでいいんです。

3 忙しくてトレーニング時間を作れない
日常生活の中で無理なくできる

うちの子達は「療育されている」ということに、まったく気づいていません（私も忘れています）。子ども達が勝手に、自動的に知らず知らず、なるべく私の手間がかからないように家の中にトラップを仕掛けたり、日常生活やあそびの延長で続けていたりしています。「ついでに療育」「いつの間にか療育」がうちのスタイルです。

療育は、すぐに結果が出るようなものではないので、なるべく親子の負担を少なくして、気長に気楽に取り組めるように工夫するのがよいと思います。

せっかく一生懸命取り組んだのに、なかなか効果が出ないと、期待どおりにできない子どもに腹が立ってしまうこともあります。結果にこだわらずに、親子で楽しめる範囲で続けていると、ふと気がつけば、いつの間にかできることが増えてきました。

専門家は、発達の凸凹を検査結果や豊富な経験から見極め、適した療育プログラムを組んでくれると思いますが、多少効率は悪くても、毎日の日常生活やあそびの中で、親が継続的かつ主体的に療育を行っていくことには、メリットも多いのです。

【家庭療育のメリット】

・親がスキンシップを多めに取ることで、子どもとの愛着を深め、落ち着きやすくすることができる
・親やきょうだいと一緒に、慣れた環境で楽しみながらできる
・親が主体的に我が子の療育を導いていくことができる
・毎日、継続的に、ローコストで行うことができる
・早期療育を逃した子ども、成人でもできる
・子どものコンディションや今の課題に合わせて、臨機応変にできる
・発達に心配のないきょうだいも、あそびや運動で能力を高めることができる

うちでは専門家の書かれた書籍等を参考に、うちの子の興味・関心や、親の都合や

ライフスタイル、住宅事情などに合わせて、無理なく取り組みやすいようにアレンジし、楽しみながら続けられる工夫をしています。

家庭で療育をする際には、子どもの「困り」に対して、その凹の発達を促すにはどんな運動やあそびが対応しているか、が親の頭の中に入っていればベストです。

私は、実は療育はそんなに特別なことではないと思っています。うちでやっていることは、大掛かりな設備がなくても、ほとんどのご家庭でも日常的に手軽に行えますし、世の中の大半のあそびは何かしらの療育になっていると思うくらいです。

ポイントは興味の偏りがちな子に、いろんな動きを体験させることだと思います。子どもの世界を大事にしつつ、それ以外の時間にちょこっとだけ、日常生活の延長線上でスキンシップやお手伝い、お出かけやレジャーで療育的な動きをほんの少し意識したり、学習イスをバランスボールにしたりするだけで、毎日いつでもどこでも療育することができます。

日常生活を子どもと一緒に「できる範囲で」楽しむだけでいいんです。

4

いつも寄り道ばっかり！

「道草」は素晴らしい！

うちは、幼稚園は徒歩通園でした。下の子を妊娠中の大きなお腹で、毎日登園を嫌がり、泣き暴れる長男を連れての登園は悪夢の如く大変でしたが、楽しい思い出もたくさん詰まっています。

本当は歩いて10分程度の道のりを、どの子も寄り道ばかりしてなかなか園に着きませんし、まっすぐに家に帰れないけれど、**「道草」って療育の宝庫だと思います。**そして、子どもは、自分の発達にとって必要な動きを本当によく知っています。

それを、ほんの少しだけ道草を許してつき合ってあげると、毎日の登園コースが、体幹やバランス感覚、動体視力を鍛え、感覚の過敏性を緩和する、素晴らしい療育コースに早変わりします。

子どもって、縁石や白線の上を歩くのが大好きですよね。知らず知らずのうちにバランス感覚を身につける練習を、毎日自然とやっています。

ねこじゃらしやくっつきむしを摘んで感覚あそびをしてみたり、「あれ見て!」「これ何?」も動体視力を鍛えたり、語彙《ごい》力を増やすいい練習になります。夏はせみの抜け殻、冬は松ぼっくりを拾って、先生への手土産にしていくと、クラスでも「見せて見せて!」といろんな子が寄ってきます。

登園を嫌がる時には、ゴムひもを輪にして、子どもを先頭に電車になって行ったら、途中でお友だちが乗り込んできたこともありました。次男は、水が流れているのを見るのが大好きで、雨の日は水がどこから来るのか、目をキラキラさせて、ずーっと「水のもと」を辿《たど》っていって、家に帰るまで1時間かかったこともありました。

こうして一緒に歩くことも、小学生になったら急に減っちゃいます。そう思うと登園も貴重な時間に思えてきます。小学校では、道草は指導されてしまうのだそうです。交通環境などが昔と違って、安全管理上仕方ないのかもしれませんが、療育的にはもったいないことだと思います。もうすぐ長女が入学し、うちの道草生活もあとわずか。でも人生の道草はいつでもできます。

5

姿勢が悪い、じっとしていられない
↓
イスで体幹とバランス感覚を

姿勢が悪い、授業中モゾモゾする、イスに長時間座れずに立ち歩いてしまう、などは、体幹やバランス感覚の未発達、注意・集中力の偏り、感覚の過敏性などが関係しているようです。毎日座るイスを選ぶことで、だんだんと体つきが整ってきます。

【うちのおすすめのイスと活用方法】

バランスボール、バランスクッション……スポーツ用品店で売っているバランスボールやバランスクッションは、姿勢を整え、刺激があるほうが集中できるタイプの子は落ち着いて取り組めることも。大きなバランスボールが転がって使いにくい場合、市販の台座や、プールの浮き輪などで固定するとよい。ドーナツ型のバランスクッションは、オプトメトリスト（視能訓練士）さんのおすすめ。長男は、トゲつきがお気に入りで、学校に持ち込んでいる（193ページ）。
100円ゴムボール……コタツや座卓で、幼児～低学年の子が座るのにちょうどいい大きさ。子どもの友だちの来客用のイスとしても。置いておけば勝手にゆらゆら座って、コタツでの宿題やおやつタイムに最適。
回転イス……私のパソコン用のもの。子どもたちはこれで勝手に回転ぐるぐるあそびをしている。三半規管や身体の中心軸が整うようなので、大目に見ている。

もう一つ、とっておきの「魔法のイス」があります。

宿題のとりかかりがニブい時でも、座るだけで少しやる気が回復し、落ち着きのない子でも結構長く座っていられて、不安や緊張の強い子もリラックスしやすく、「温かくって、ぷよぷよで、世界一気持ちいい」と、子ども達とわんこで争奪戦になるほど大人気の、無料のイスがあるんです。

そうです！　お母さん、お父さんのひざの上ですよ。

座ってくれるうちがチャンスです！

6

たまには親孝行してほしい！

母の背中は最良のバランスコース

お母さんの背中は、最良のバランス感覚を鍛える素敵なコースです！（もちろん、お父さんの背中もですよ）　私もいつも疲れた時には、うつぶせになって、子ども達に「ちょっとかあちゃんの背中歩いてくれない？」とお願いしています。有機的で不安定な形の上を歩くので足の微妙な力加減が必要で、感覚をフル回転する運動です。

小さな子の柔らかな足でふみふみしてもらえると、四十肩も腰痛も飛んでいきます（パワーがある子や体格のいい子は、逆にお母さんが腰を痛めるので、パパコースがおすすめです）。また私は、緊張がほぐれず肩や首がガチガチになっている時、子ども達にもみくちゃにされると、スッキリ治ることもあります。

日頃の育児疲れも、療育と一石二鳥の親孝行で、少し和らぐかもしれません。

7

おすすめ全身運動　その1

ママのぼり、パパ遊園地

「木のぼり」は、全身をフル活用する素晴らしい療育あそびです。

全身運動を意識して取り入れていくと、体幹とボディイメージが育ち、身体の使い方が全般的に上手になってくるようです。

ちょっとくらい危なっかしくても、やる気になっていたら見守りつつ、少しでもできた時に「さすが！」とおだてていたら、長男は今ではすっかり木のぼり名人。登れるものなら、何もない柱でもどこでも登れてしまいます。

学校では運動で活躍するチャンスが少ないですが、これだけは自慢できるようです。そうは言っても、住宅環境や、お子さんが怖がる、とにかくお母さんが心配、なかなかおあつらえ向きな木が身近にない場合などには、毎日、安心安全で自宅で手軽にできる、「ママのぼり」「パパのぼり」ってテもあります！

うちの子達は、今では私が立っているだけで勝手によじのぼってきますが（笑）、小さな頃はちょっとだけひざを曲げて、手で補助して、のぼりやすくしていました。

また、毎日のおんぶや抱っこ中にも、「ちょっとだけ、がんばって摑《つか》まっててね」と両手を離して子どもを背中にしがみつかせ、買い物中にレジで会計を済ませるなどの荒技を生活の中で繰り返し行っていました。こうすることで、摑まる力が自然とついてきます。

よりダイナミックなあそびは、お父さんの出番です。梅雨の時やパパの仕事が忙しくてどこにも連れて行けない休日が続く時などは「パパ遊園地」です。定番の「高い高い」、飛行機やロケット、両手をつなぎグルグル回す大回転等は、バランス感覚だけでなく、姿勢や目の動きにも関係している、耳の奥の三半規管を強くしてくれます。

「俺だって仕事で疲れてるんだよ。休ませて」なんて言うパパもいるかもしれませんが、子どもと同様シブシブでもやってくれた時に「さすがパパね。私にはできないわぁ」とおだてて、「○子、すごく嬉しいみたい。ありがとう」と子どもの気持ちや感謝を伝えてほめてゆくと、いずれ「名人」になってくれるかもしれません。

8

おすすめ全身運動 その2

遊園地、プール、アスレチック

「親子あそびには、充分育ち過ぎた。無理すると親がギックリ腰になりそう」というお子さんも、身近なレジャー施設で思いっきり、同じ動きの全身運動ができます。大型遊具のある公園、アスレチックやターザン体験のできるアウトドア施設、本物の遊園地も（少々費用はかかりますが）、ジェットコースターやフリーフォール等、全身の感覚あそびが満載です。何より、トレーニングなどと思わずに楽しめます。うちでは、時々気まぐれにパパが休日、近隣の大きな公園や、公営温水プールに子ども3人を連れて出かけてくれることもあります。実は、私は運動が大の苦手のインドア派なので、身体を動かすことが苦にならないパパと分業できて助かっています。

お母さん一人でがんばらずに、それぞれが得意分野でできる範囲でいいんです。

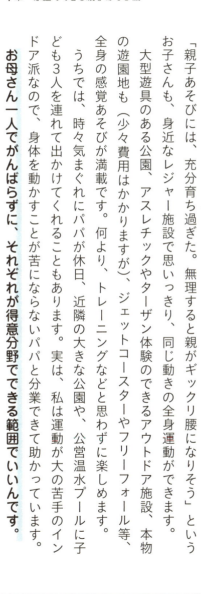

9

よくものにぶつかる
↓
トンネルあそびで自分の車幅感覚を

よくものにぶつかる子は、自分の身体の「車幅」感覚がうまく掴めていないからだそうです。自分の身体がどこからどこまでか、どこがどんなふうに動くのかというボディイメージを、トンネルあそびやジャングルジムなどのくぐりあそびで、育てることができます。また、くぐる時にとる赤ちゃんのハイハイと同じ姿勢の、四つん這《ば》いの動きは、肩や腕を育て、腕・手の動きが安定するので、不器用さんにもおすすめです。

うちでは、不要品になった、市販のドラム型ランドリーバッグをリサイクルして、簡単で持ち運び便利な「空色トンネル」を手作りしてみました。(ーページ①)「フタ」の部分を切り取り、ほつれ留めをし（接着剤なども可）、アクリル絵の具をーチューブ使って、次男と一緒に空色に塗りました。

キャンバス布は、すぐに絵の具が染み込むため、先に水を塗って下地を作り、その上に薄めた絵の具を重ねると、ムダなく広い面積が塗れます。アクリル絵の具は乾けば耐水性になるので、屋外でも使用できます。ランドリーバッグを使うと軽くてどこにでも置け、留め具を活かしておけば、収納も簡単です。

他にも、段ボールや、浮き輪、フラフープ、椅子・テーブルの脚、親きょうだいの足などでも簡単にトンネルは作れますし、四つん這いの姿勢も、雑巾がけのお手伝いなどで自然とやってもらえます。

「空色トンネル」は、子ども達のお友だちにも大人気で、わんこの隠れ家としても活躍しています。四つん這いも、皆で「犬のマネ」をして、ハイハイでわんこと一緒に追いかけっこしているので、子ども達もあそびの中で楽しくしています。

日常の中に、ほんの少しのあそび心と、子どもと一緒に生活を楽しむ、という視点を取り入れることで、「トレーニングしなくては！」とがんばり過ぎなくても、気長に負担なく、自然な形で続けることができます。

10

緊張しやすい、動きが硬い ↓ 身体がほぐれれば、心もほぐれます

身体と心には密接なつながりがあるようです。心の緊張が続けば身体の筋肉もガチガチに硬くなります。これを逆から入力して、ストレッチなどを通して、身体の筋肉の緊張をほぐすことで、文字どおり「肩の力を抜いて」心の緊張も和らげることができます。次男は緊張しやすいタイプで、特に新学年や発表会の前後などは、お腹が痛くなったり、緊張から吐き気がしたりして、休んでしまうこともあります。長男は筋肉質で力の抜き加減が分かりにくく、体操やダンスなどの柔らかな動きが苦手です。簡単なストレッチは、身体を柔軟にすると同時に、気持ちの切り替えにも有効です。スポーツ選手なども、本番前に入念なストレッチを行うのは身体のウォーミングアップをしながら、プレッシャーに打ち勝てるようにしているのだそうです。

ストレッチは、硬くなっている部分を伸ばす・ほぐすだけなので、お子さんに合った方法なら、どんなやり方でもいいと思いますが、うちでは１００円ショップやスポーツ用品店で売っている「ゴムチューブ」を使うことが多いです。

一直線、８の字、ハンドル付きなど、いろんなタイプがあり、たくさん買って、あちこちにフックでぶら下げて、子ども達がいつでも遊べるようにしています。一直線のチューブは、結んでつなげて、電車ごっこやしっぽとり、綱引きなどもできます。

私自身も不安や心配事が頭から離れない時、疲労感が抜けない時、一つのことに集中し過ぎて心が狭くなっている時など、意識して、首や肩のストレッチをしています。集中し過ぎると、肩や首が硬くなってしまうので、作業デスクの横に8の字のチューブを吊《つ》るして、意識して心身をほぐすようにしています。

パパは毎日、一通りのストレッチをするのが日課になっているので、それを見ながら、子ども達も一緒にマネしてみたり、絡みついてジャマしたりしています（笑）。まずは親がお手本を見せて、毎日身近に感じながら、自分と上手につき合っていくために、子ども達にはぜひ、ストレッチを習慣として身につけてほしいと思っています。柔軟な身体は、柔軟な心を作ります。

11

字を書くのが苦手
↓
目の動き・手の動きを育てる

ＬＤ（学習障害・学習症）があって字を書くのが苦手な子は、もし理解力があっても、漢字書き取りの宿題を嫌がる、板書を写すのが追いつかない、答えは合っているのに先生が解読できずテストでバツになるなど、学校の成績で実力を発揮できずに「勉強のできない子」として扱われ続け、学習意欲自体が失われてしまう可能性があります。

うちの長男も、小さな頃は数字に興味が強く、自由で自発的な学習が大好きだったのに、学校の勉強には活かされず、本人もそして私も学習面では正直悔しい思いをしています。でも私ができることは、子どもに無理矢理漢字書き取りの猛特訓をさせることではなく、もっと根本的な解決方法として、**家庭で「目の動き・手の動き」を育**

てる療育あそびを、地道に根気よく続けていくことだと思っています。

「字を書くのが苦手」にも、実に様々な理由があるようです。たとえば、「目で見た情報→脳→手や指先の動き」の連携の弱さや、(視力に問題がなくても) 動体視力の未発達などで目の動きに苦手さがある、文字の形自体が正確に読み取れていない、バランス感覚や体幹の未発達、指先の細かな動きが自分の思いどおりにコントロールできない……といった理由が、長男の場合、複数組み合わさって「字を書くのが苦手」という状態になっていたようです (専門的にはもっとあるかもしれません)。

それらを育てるあそびや簡単なワークなどを、生活の中や日々の宿題と一緒に、お互いに負担にならない程度に、少しだけ意識しながら、気長に取り組んでいます。

できる範囲で長男と療育あそびを続けて5年。長男の書字に対する負担は、ずいぶんと減ってきました。

まだまだ漢字は苦手ですが、じょじょに細かい文字を書けるようになり、以前は漢字の「カド・トメ・ハネ・ハライ」の部分の形を見分けるのが苦手でしたが、ゆっくり丁寧に意識すれば、しっかり書けるようになりました。

その子なりに、ゆっくり伸びてきています。

12

なるべく楽して目の動きを育てたい

勝手に療育！　おすすめトラップ

うちでは壮大な母の陰謀計画で、家中にトラップを仕掛け、楽して勝手に療育してもらっています。子どもは、目の前のぶらぶらするものには通りすがりにパンチし、面白い動きのものには釘付けになり、ジャンプ台があれば跳ばずにはいられない生き物です。この習性を利用し、ちょうどいい場所にちょうどいいものを仕掛けます。

【目の動きを育てる、おすすめトラップ】

1　家庭用トランポリン

テレビの見える位置に置き、アニメの歌に合わせて歌って踊るのも楽しい。スポーツ用品店のものは耐久性に優れ、コストパフォーマンスがいい。

2 パンチボール

天井から市販のボクシング用パンチボールを吊るす。または、ネットに入れたゴムボールや風船を、廊下の気になる高さにぶら下げておく。

3 簡易バッティングマシーン

母の古ストッキングを二枚重ねし、ボールを入れ、物干竿に結ぶ。ご近所には少々カッコ悪い。バッティングセンターでも勿論OK。

4 ストラックアウト・的当てゲーム

壊れた障子の枠を利用し、ストラックアウトの的に。100円の吸盤のダーツやバスケットゴールなども、ゴミバコにつければ狙う（片づけ効率はよくない）。

5 生き物観察

水槽の金魚、ダンゴムシの迷路あそび、アリの巣の観察キットなど。小さな生き物の複雑な動きの観察は、自然と目でものを追う、視線の移動の練習になる。

トラップは、見慣れてくると引っかかりにくくなるので、時々改良・入れ替えして、手を替え、品を替え、位置を変え、見た目を変えて、続けています。

13

待ち時間がしんどい
↓
目と手の動きを育てる「手あそび」

限りある人生を目一杯謳歌《おうか》したいＡＤＨＤ（注意欠陥多動性障害・注意欠如多動症）タイプは、待つことが苦手な子が多いようです。長男も「ヒマが一番イヤだ」とよく言います（私には「ヒマは夢の憧れ」ですが……）。

あらかじめ長い待ち時間が予想できる時には、携帯ゲーム機やマンガなどを持参して行きますが、ふらっと立ち寄った先で行列に並ぶ、外食で急にお店が混んで待たされる、交通渋滞などの予想外の待ち時間の時などに、目と手の動きを育てる「手あそび」で、ついでに療育しながら間を持たせることができます。

【目と手の動きを育てる、ヒマつぶしの手あそび】

反射神経ゲーム　親が手でグーの形をゆるめて穴を開けて、そこに子どもが人差し指を入れて、パクッと摑まらないように指を抜く。両手でやったり、役を入れ替えるとなおよし。目と手の連携の練習になる。

プチ・モグラ叩き　親が両手でグーを作り、ランダムに指を立てていき、それを子どもがタッチする。子どもの目に対して水平に並べると視線のジャンプ、垂直に並べると両目のチームワークの練習になる。

ありんこ捕獲ゲーム　チョキの形の指2本で歩いて、とことこ散歩する「ありんこ」を作って子どもに捕まえてもらう。テーブルの上や子どもの腕など、縦横無尽にスピードを変えて歩くと盛り上がる。目でものの動きを追う練習と感覚あそびにもなる。

あとは、ハンデつきの指相撲や腕相撲（vs長男のハンデは私がもらいます）、車の移動中にはパパと前の車のナンバープレートの数字で「＋－×÷を使って答えを10にする」計算ゲームやダジャレのゴロ合わせ等、臨機応変にヒマつぶししています。

14

漢字のカドやトメ・ハネ・ハライがあいまい

廊下にアミダクジと方眼ノート

長男は1年生の時、漢字書き取りのカドやハネを何度訂正されても、どこがどう間違っているのかが分からず、パニックになっていましたが、これは文字のカドなどの認識があいまいで、お手本自体が正確に見えていなかったからのようです。それでは、どれだけたくさん練習したところで、根本的な解決にはなりません。

うちでは「カドを意識してよく見る」ことに、気長に、さり気なく、取り組み続け、今では、長男も落ち着いてよく見れば、カドをしっかり書くことができます。

そのための工夫の一つは**「廊下にアミダクジ」**です（2ページ②）。

廊下に大胆に、ビニールテープでアミダくじのラインを引いてみたのです（賃貸等の場合、痕《あと》の残りにくい、マスキングテープ、養生テープなどをおすすめします）。

各部屋への誘導線の役割も果たし、こうすると、うちの子ども達は楽しんで、自然とアミダのカドに沿って、キッチリ曲がって歩いていくのです。他にも、電車の線路やスゴロクなど、その子の興味に合ったアレンジができますし、タタミのふち歩きや、地面にチョークや木の棒で線を引いてあそぶ、などもあります。

もう一つの工夫は、**休み時間に使う「自由帳」に、方眼ノートを持たせること**。長男は授業のノートはあまり消費しませんが、自由帳はあっという間に使い切るので、このエネルギーを有効活用し、「これなら、（好きな）迷路や四コママンガを描くのに便利だよ」と伝えて渡すと、夢中でたくさん、ついでに「カド」を描いてくれます。「書く」練習も同時にでき、毎日勝手にがんばってくれるのです。

また、漢字書き取りの下書きサポートでのなぞり書きや、市販の運筆、迷路あそび、点つなぎのワークブックや幼児雑誌のコーナーなども、カドを意識する練習になります。このように、毎日さり気なく日常生活の中で練習を続けることができます。

漢字がうまく書けないことには、様々な理由が複合しているので、これだけですべてが解決するわけではないですが、まずは「カドを意識してよく見る」というステップを、これでクリアできました。

15

指先の細かい動きが苦手

「分解」は楽しい指先あそび

指先の細かな動きや脳・身体の機能を回復・向上させる目的で、心身に障害のある方のリハビリテーションの一環として「作業療法」があります。「作業療法」という言葉だと、少し難しく感じられますが、**お子さんが好きな図画工作、手工芸、機械いじり、プラモデルなど、趣味・ホビーとして日常的に楽しめることは、そのまま療育にもなります。**次男は、機械やロボットに興味・関心が高いので、「機械の分解」はまさにぴったりの療育あそびです。

ある日、次男がヒマそうにしていたので、コゲて壊れた不要なトースターを「分解していいよ♪」と渡すと、目がキラリ！　と光りました。小さなネジを回す、バネを外す、コードを切るという動き、ネジが固いところや板外しなどは少し手伝いましたが、ずっと「たのしい〜、たのしい〜、た〜の〜し〜い〜〜！」と言い続け、一心不乱に一人で取り組んでいました。

それ以来、家電製品やおもちゃが壊れて不要になるたびにストックしておき、時間のある時に出し、兄と一緒に分解するのを楽しみにしています。長男も自由研究でパソコンの分解などをして、ものの仕組みを楽しみながら実際に触れて理解しています。

末っ娘《こ》は、手芸が好きで、100円ショップで材料が入手できるクラフトスイーツや、フェルト工作、ビーズ・アート、お菓子売り場の知育菓子などが大好きです。子どもの関心の高い分野で合ったものがあれば、自然と意欲的に続けられます。

おうちで分解をする際の注意点：

必ず、電池・電源を抜いた上で、危ないパーツは事前に外しておくなど、安全性をよくご確認ください。また、軍手をし、金属の板などで手を切らないようにご配慮ください。外した部品などは、小さなお子さんが誤飲しないよう、管理・処分してください。お子さんの様子を見て挑戦できるか判断し、おうちの方が必ずそばで見守ってあげて下さいね。

16 砂や粘土、のり、絵の具を嫌がる
↓いつでもどこでも手探りあそび

幼稚園の頃、次男は触覚が敏感で、砂やのり、絵の具に触ることを嫌がりましたが、家でできるスキンシップと感覚あそびで、だんだんと平気になり、今ではいろんなものが触れるようになりました（むしろキタナイあそびが好きになりました（笑））。

中でも「手探りあそび」は、ものを掴んで中身を当てたりと、触覚を働かせて手先に意識を集中させるので、触覚の敏感な子や手先が不器用な子にもおすすめです。

中の見えない袋で手探りゲームなども、楽しいレクリエーションですが、私は少々ズボラにアレンジし、日常生活の動きの中でちょっとずつ「手探り」させています。

【いつでもできる手探りあそび】

ポケット、バッグ　ワザと荷物で両手が使えないフリをし、「ママのポケットから鍵取ってくれる〜？」と、ポケットやバッグから子どもに取り出してもらう。買い物バッグの袋の口を絞って「◯◯はど〜こだ？」と、探らせて渡すなど。

コタツ　冬場、子どもと向かい合わせで座り、コタツをくぐらせてものを渡したり、足の裏をごにょごにょして「誰の足でしょ〜うか？」クイズなど。

お風呂　不透明の入浴剤を入れて、おもちゃを沈めて手探りで取るあそび。うっかり湯船に入れてしまった石けんのレスキュー活動にも。

布団　布団や毛布に潜った子どもを「これは誰の頭かな〜？」と探って当てる。他にもソファーのカバーやカーテンに隠れた子を触って当てるなど。

くじ引き　ケーキの空き箱で簡易くじ引きＢＯＸ（２ページ③）。上面を丸くくり抜き、色画用紙などで三角形を作り「取り出し口」にぐるっと貼る。お菓子のくじ引きや、ミニ・フィギュアのキャラ当てクイズなど。

日常生活の動作の中で、ほんのちょっと意識するだけで、自然な流れで「手探り」の回数を増やしていくことができます。

17

ペットなんて絶対無理!!
↓
ペット療育はいいことがいっぱい

「子どもだけでも大変なのに、ペットなんて絶対ムリ!!」と、私もずっと断り続けてきましたが、動物とお世話が大好きな末っ娘が1年くらい「わんこを飼いたい!」と言い続け、根負けしてついに陥落してしまい、うちに仔犬がやってきました。

でも、これは本当に思い切ってよかったと思っています。子ども達にとって、最良の「療育・教育」になっているからです。家族が増えればその分出費は増えますが、私はそれ以上の恩恵があるように思えます。

【ペットを飼うことで得られたメリット】

・愛着行動が増え、子どもの心が安定する

・感覚の過敏性がなだめられる（なでる、なめられる、トイレの世話など）
・子どもに役割が与えられ、責任感が芽生える
・「やっていいことを教える」など育児・療育の基本が身につけられる
・言葉の通じない相手を観察して、相手の気持ちを考える練習ができる
・思いどおりにいかない相手に、合わせる、妥協する、待つ練習
・散歩を通じて、近所の人とのコミュニケーション増加
・ゲーム少年達の外遊びが増える
・誤飲防止のため、部屋のゴミを拾う、片づける
・仔犬目当てで、女の子達がたくさんあそびに来るようになる
・自然な形で性教育ができる
・小さな命を守ろうとする気持ちの芽生え

……などなど。

何より、子ども達に優しい表情がとても多くなりました。

特に長男は、最初はさほど動物が好きではなかったので、ヘルメットに長袖長ズボンに軍手、という仰々しい出立ちで触っていましたが（笑）、毎日触れているうち

に、私の予想以上に可愛がってくれ、今では犬の気持ちが分かるようです。帰宅すると、真っ先にベロベロされにゆき、「わんこになめられると頭がスッキリする」と言います。また、愛犬は女の子なので、望まない妊娠や子宮の病気のリスクを減らすために受ける避妊手術のことなどで、「女の子の身体を大事にする」という性教育を自然な形で行うことができました。

とはいえ、「お世話の対象が増えただけ」では、私の負担のほうが大きくなってしまうので、なるべく手がかからないように、お世話やしつけの手順を描いたマニュアルを、トイレシートのケースなど、使う場所に貼りました（3ページ④）。これを見れば、末っ娘でもトイレシートを替えたり、食事を作ることができます。ペットショップのパンフレットなどからもコピーして、壁に貼ったりもしています。

犬や猫だとハードルが高い場合も、カブトムシなどの昆虫や小動物、学校の生き物の飼育、「触れ合い動物園」などの餌《えさ》やりや乗馬体験、支援団体のイルカやセラピードッグなどとの触れ合い体験、などのテもあります。**生き物の世話をし、小さな命を「愛おしい」と感じることは、子ども達の心身の発達によい影響が多いように実感しています。**

18 おすすめのレジャー↓ キャンプ体験は丸ごと療育あそび

うちでは、毎年夏休みの家族旅行は、近県のキャンプ場に宿泊しています。キャンプは、療育の宝庫です！　日常の生活から離れ、感覚を休めながら、自然の中でのびのびあそぶと、子ども達の実に生き生きとした表情を見ることができます。川遊びや山歩きなどの足場の悪い所を歩くことは、バランス感覚や体幹を鍛えてくれます（うちのリビングのように、散らかった部屋でもできます）。

バーベキューの準備で火起こしを手伝ったり、たくさんの食材に触れ、手順を考えつつ、あり合わせのもので料理したりすると、触覚や指先を使いながら、多少のコゲは気にならない、柔軟性や思考力を育てることができます。

アスレチックやログハウスなどであそぶことは、最良の全身運動です。今年はツリークライミングを兄弟で体験し、木登りの得意な兄だけでなく、弟も、「木の一番高い所に登れた！」と、感動していました。

大自然の中だと、いつもパソコンの画面ばかり見続けている子ども達も、近くの昆虫を観察したり、遠くの山を眺めたり、と視点の切り替えをしながら、文字どおり視野を広げることができます。

うちでは、毎年キャンプの中で「魚のつかみ取り」の体験をしています。魚や昆虫を捕まえるあそびは、動体視力を鍛え、目と手の動きを育てます。何度もやっているうちに、長男は名人級。長女も大はしゃぎで上手に捕まえることができます。

触覚過敏がある次男は、最初、魚のヌルヌルを嫌がって「手袋したい……」と泣き言を言っていましたが、そうこうしてる間に、兄がどんどん捕ってしまうので、慌ててがんばって、なんとか素手で挑戦できました。療育的なことも**「トレーニング」や「修行」となると気が進まないことも、あそびの中で好奇心が刺激されたり、兄弟や友だちとの楽しい雰囲気の中で、勢いでできてしまうことってあるんですよね。**

そして、キャンプの最大のメリットは、なんと言っても安上がりなのです！

19 本のようにうまくいかない↓日常生活での応用のポイント

家庭で療育をしていこうと思った時に、頼りになるのが専門家の書いた本です。私も、臨床経験豊富な、作業療法士、オプトメトリスト、カウンセラー、特別支援学校や塾の先生等の多数の書籍をいつも片手に、独学で実践し続けてきました。

ただし、最初の頃は「本に書いてあるみたいにうまくいかない」と感じることもありました。専門家の書いた療育の本に載っているイラストのお子さんは、笑顔で言われたとおりに言われた動きをできているように描かれているし、イラストのお母さんも根気よくつき合って、優しい笑顔でいつもニコニコしているんですもの（笑）。

やってみたけど「こんなふうにうまくいかない」「うちの子はこんなに素直じゃない」「根気よく続けられない」「子どもが本のようにできないとつい怒ってしまう」

……なんて感じられることもあるかもしれません。まずはお母さんが、そういった本を手に取ってみただけでも、前向きに一歩踏み出せた自分をほめてあげて下さいね。

たいていの場合、専門家の先生の療育の本は、親子でうまく取り組めたことを前提に、効果的なノウハウやメソッドが書かれていますが、当然、そういった実践がノウハウになるまで、先生方だって膨大な失敗を積み重ねているのだと思います。

その中で、うまくいかなかった理由は何かを探り、試行錯誤を重ねて改善し、より幅広いお子さんのタイプに、効果の高い方法を選んで、余分な情報は極力減らして、分かりやすくまとめられているのだと思います（「うちの子専門家」の書いたこの本も、うちの数年がかりの取り組みのうまくいった部分を選りすぐってお伝えしています。もちろん、その裏には膨大な「大失敗」がありますから、ご安心下さいね）。

「本のとおりにうまくいかない」と思った時に、私がするのは、「同じ動きができることは何か」「この取り組みの目的は何か」を考えることです。本とまったく同じでなくても、動きや目的が同じならＯＫとして、うちの子の興味関心に合わせています。

たとえば、ゲームばかりで外あそびをしたがらない子を、「療育あそびにいいいから」と、公園やアスレチックに無理矢理連れ出してみても、気乗りせずにうまくいかないかもしれません。でも、その子の世界に合わせると、ゲームセンターでも同じ動きができることに気づきます。モグラたたきやエア・ホッケー、ピンボールやシューティング・ゲームなどは、目と手の動きを育てますし、全身で体感するリズムあそびや乗り物などの遊具もたくさんあります。

エア・ホッケーや対戦型のゲームは一人ではできないので、「一緒にやろう。負けないゾ〜！」と親が誘って、3回に2回くらい、さり気なく僅差で負けてあげれば、「もう一回やりたい！」とやる気になるかもしれません。

「療育をしなくては！」と思うと、取り組めたかどうか、効果があったかどうか、という部分的な「結果」に振り回されてしまいますが、私は、子どもと一緒にその時間を過ごして、親も一緒に楽しむ、いろんな動きを体験させるというだけでも、家庭での療育は十分だと思っています。その療育の効果があったかどうかは、子どもに笑顔が見られたか、夢中になれたか、目がキラキラしているか、で判断しています。

こんなふうに、柔軟に「うちの子」に合わせて応用していくことで、いつの間にか療育の分野でも、お母さんが「うちの子専門家」になっていくのだと思います。

20

それでも家で療育をするのは大変！
習い事やデイサービスを活用する

ここまで、なるべく無理なくできる、家庭での療育あそびをお伝えしましたが、それでも、お母さんが一人で育児・療育のすべてを引き受けたら、負担が大きいですよね。

うちでは、療育や学習のフォローに、一般の習い事・塾も活用しています。ただし、小さな頃兄弟で通っていた全身運動ができるスイミングは、小学校に入るとプールが芋洗い状態で身体接触や反響音の負担が大きく、やめました。公文の教室にも長らく通いましたが、こちらも人数増加で集中できず、ギブアップです。

習い事や塾選びは、内容や通いやすさ、料金はもちろん、一緒に学ぶお子さんの人数や雰囲気、教室の環境なども、集中できるかの大事なポイントになります。また、あまりに毎日習い事ずくめでも、子どもにも家計にも負担が大きいので、うちでは、それぞれの子が、平均週1程度で通える範囲に収まるようにしています。

「習い事や塾に発達障害のことを伝えたほうがいいか？」は、悩まれることもあるかと思います。お子さんの状態にもよりますが、**私は個人的には「発達障害対応」を謳《うた》ったところでない限り、特に伝える必要はないと思っています。**

長男の場合、特別支援学級（以下、支援級）に転籍し（205ページ）、学校では、その子に合った対応を得られる反面、「支援の必要な子」という認識がどうしても前提になりがちです。そこから離れ、違う学区や学年のお子さん達と一緒に、先入観なし、ハンデなし、配慮なしの、フラットなスタートラインから、実力を腕試しできる場所があるのも大事な経験だと考えています。

特に、凸の得意分野を伸ばせば、「できる子」として扱ってもらえる、他人から認められる、ということが自信につながります。

また、凸凹差が激しいと、同年代のお子さんとは話が合いにくいこともあり、興味のある分野で、異年齢のお子さんや大人とも共通の話題で交流できる、趣味的な習い事や課外活動への参加は、学校以外の居場所を作ってくれます。

パソコンが大好きな長男は、私が家で教えられることがなくなったので、近隣のプログラミングスクールに、月2回通っています。「その道のプロ」に教えていただけ、得意分野で実力を認めてもらえる経験が、成長のプラスになっています。

いずれにせよ、民間の習い事や塾のいいところは、学校と違い**「こちらで選べる。合わなかったらいつでもやめられる」**ということです。

私も、できれば続けてほしいですが、合わなければやめたり、教室を替えて、子どもによい影響を与えられる先生に出会えるまで、クジを引き続けたいと思います。

また、地域の児童発達支援センター、児童発達事業所、放課後等デイサービスなどは、発達の心配のあるお子さんに通園・通所や預かり保育を通して、療育や生活、ソーシャルスキルのトレーニング、宿題などをみてくれる公的な施設で、習い事や学童保育の延長のように、気軽に利用している方も多いようです。

支援センターや市町村の福祉課が相談の窓口になり、自治体に申請して、受給者証を取得すれば、療育手帳や障害者手帳のないお子さんでも、自己負担一割程度でサービスが受けられるようで、送迎サービスがある場合もあります。

使えるものは使って、一緒に子どもを育《はぐく》んでくれる場所があると心強いです。

2 章

生きる力・考える力を伸ばす工夫編

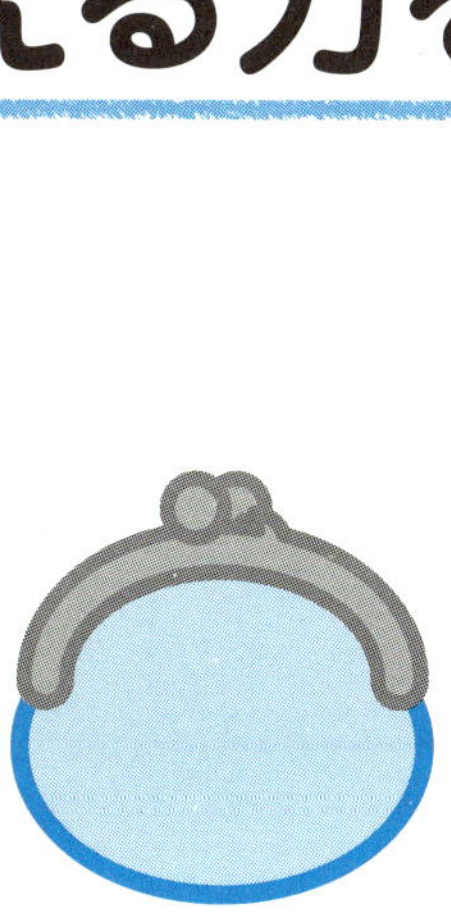

21

手伝われるとかえって大変……
「ピンポイントで頼む」のがコツ

子どもの生きる力を伸ばすために、料理や買い物、金銭管理などの生活スキルは、早いうちから時間をかけて、うちでもぜひ身につけておきたいと思っています。どんな子にも大事なことだと思いますが、凸凹さんの場合は特に、大きくなった時に努力に努力を重ねて、進学や就職をしても、生活スキルや自己管理がうまくいかずに、自立につまずいてしまうケースも多いのだそうです。学校の家庭科や、支援級の生活単元などでも、最低限のことは教えて下さると思いますが、「その道のプロ」のお母さんから、毎日の身近なお手伝いを通して直伝することで、ゆっくり少しずつ、生きる力・考える力を育てれば、だんだんと頼もしく逞《たくま》しくなっていきます。

とはいえ、不器用さん、うっかりさん、あわてんぼさんがお手伝いをするとなると、かえって大変ですよね（笑）。私も余裕のない時には、せっかくやる気を出した子に「手伝わないのが、一番のお手伝いだよ！」なんて、つい言ってしまっていましたが、今では「ちょっともったいなかったな」と思っています。

自分自身も負担なく、子どもに毎日お手伝いしてもらうコツは、「ピンポイントで頼む」ということです。たとえば、料理をする時、近くにいる子に、「ちょっとお米を3回だけ量ってくれる？」とか、「ちょっとトウモロコシの服を脱がせてくれない？」とか、「ちょっと」「これだけ」と声かけしながら、部分的にやってもらうことからスタートしました。「全部」を「ちゃんと」やろうとすると、途中で脱線して、なかなか親子で達成感を味わうところまで辿り着けませんが、簡単なことを部分的に頼めば「できた！」が増えます。

また、ひとつひとつの作業に慣れていくと、最初から最後まで自分で挑戦する時にも、作業のハードルが下がっていて、スムーズに運びやすくなります。そして、小さなことでもできたら「ありがとう、助かるわあ」と感謝や気持ちを伝え、「ポイント手帳」（前著参照）のお手伝いポイントもつけます。初めて自分で新しい料理を完成させたり、買い物できた時には、写真に撮って記録もしています。

1 親子あそび編
2 生きる力・考える力編
3 ソーシャルスキル編
4 友だち関係といじめ対策編
5 学校との連携編
6 こだわり・かんしゃく編
7 セルフコントロール編
8 人づき合いの処世術編

22

料理の工夫1　子どもが味にうるさい

自分で作ってもらうのが吉！

長男は利き水ができるほど、味覚・嗅覚が敏感なので、「かあちゃん、ネギ切ったあと、まな板洗わなかったでしょ？」と、すぐに手抜きにカンづいてしまいます。

この食に対するこだわりエネルギーを活用し、**「かあちゃんが出す料理に文句があるなら、自分で作ってね」作戦**で、どんどん自分で簡単な料理ができるようになりました。作る大変さも分かり、母の多少の料理の失敗にも、少し寛容になりました。食べ盛りの長男は、今ではおやつに煮込みうどんや焼きそばを自分で作っています。

次男も「かあちゃんは、あんまり料理上手じゃないから……おれ自分で作るよ」なんて失礼なことを言い、夕食に自分で野菜炒めなどを勝手に一品つけ足してきますが、「ほんとだ！　◯次郎の作った野菜炒めのほうが美味しい！」と持ち上げています。末っ娘は、私のお手伝いをよくしてくれるので、時々一緒にホットケーキやピザパンを作ったり、できた料理のお皿をせっせと運んでくれます。

せっかくのやる気の芽を育てるには、双方の負担が少なくなる工夫をします。うちでは、夕食作りの手順は複雑な上、私も一日の大半のエネルギーを使い果たしていて、根気よくつき合うのはしんどいので、朝食作りがお手伝いのメインです。

朝からお手伝いなんて一見大変そうですが、実はシンプルなメニューが多く、簡単なのです。トースト、カップスープ、前の日の残り物の温め、目玉焼きなど。不器用さんも「お湯を入れるだけ」「焼くだけ」などのワンステップでできて、自信がつきます。食へのこだわりが強い子は、最初は冷凍うどんやラーメンをゆでるだけでも、だんだん、そこに卵を落としたり、のりをちぎって入れたり、コーンをトッピングしたり……とバリエーションを自発的に増やしていけると思います。

いろんな素材に触れる料理は、とてもいい療育あそびです。お米を量るなどの感覚あそび。野菜の皮むきで、目と手を連携する、指先の細かな作業。レシピを順番どおり、同時進行で作る。数を数え、量を量り、パッケージやフタを開けたり閉めたり。

こだわりエネルギーを有効活用すれば、自信もスキルもついてきます。

23

料理の工夫2 危なっかしい ↓ 使いやすい道具と教え方のコツ

でも、不器用さん、うっかりさん、あわてんぼさんが実際にキッチンに立つと、正直、危なっかしくて見てられないものですよね。まずは、環境を整え、使いやすい道具を用意し、教え方のちょっとしたコツで、お母さんがハラハラせずにすみます。

【環境作り】

小さな子には踏み台を用意。また、調理器具や調味料に「ものの名前ラベル」を貼り、電子レンジなどに「家電の使い方カード」（共に前著参照）を作って吊るせば、「計量カップってどこ？」が減って、落ち着いて作業しやすくなる。温度センサーやタイマーつきのコンロは、うっかりさんにも安心。付属機能にない場合は、キッチンタイマーの併用を習慣にするとよい。まずは、子ども目線で動きやすい環境に。

【道具】

包丁は子ども専用を購入（うちはMASAHIROの包丁）。刃物だけは、できればいいもののほうが安全。トングやフライ返しなどは100円ショップでもいいから、小さな手に合わせたものを選ぶ。フライパンは、安定感のあるものがよい。

【教え方のコツ】

包丁や火に慣れるまで、親が後ろから手を添えて補助し、力加減や手や指の動きを教えると、口で説明するより複雑な動きが分かりやすい。また、人参や大根は、あらかじめ縦半分に切っておくと、転がらずに切りやすくなり、まな板の下にぬれ布巾を敷くと、滑りにくくなる（＊1）。ゆだった鍋に材料を投入する時は、いったん火から下ろして低い位置に置くか、「水面の近くでそっと手を離すと、お湯が跳ねないよ」と、具体的な「動きのコツ」を伝える（ただし、気が散らないように作業中の声かけは最低限にする）。

料理に限らず、ほんの少し、作業しやすいように道具や環境を調整してあげることが教え方のちょっとしたコツです。不器用さん、うっかりさん、あわてんぼさんでも、ぐっと楽になり、落ち着いて、最後までやり遂げることができます。

（＊1）参考書籍『坂本廣子の台所育児――一歳から包丁を』（坂本廣子／農山漁村文化協会）

24

料理の工夫3　食育のハードルが高い！

手作りレシピ集で基本の基本から

うちでは、一般的な市販のレシピ集は、子ども用にアレンジされたものでも、ちょっとハードルが高いので、オリジナルの手描きの「子ども用レシピ集」を作って、「おふくろの味」を伝えています（3ページ⑤）。とはいえ、本当に「レシピ」と言っていいかも分からない、「基本のキのキのキ」くらいの初歩的で簡単なものばかりです。無洗米のご飯の炊き方とお茶碗へのよそい方、おにぎりの作り方とバリエーション、お湯を入れるだけでできるものや、トーストやお餅《もち》の焼き方……。こんなメニューを懇切丁寧に、「トングは上から持つ」などの道具の使い方や、「トースターのダイヤルを10にしてから6に戻す」など、具体的なうちの家電の使い方など、ひとつひとつ、動きを分かりやすく、手順を示して描いたものです。

でも、これが、料理に興味を持ったばかりの子には、安心感を与えてくれるようです。**「子ども用レシピ集」は、見ながら作業がしやすいように、クリアファイルに入れて、ブックスタンドに立てて使っています。**初歩的な料理に慣れてきたら、ゆでるだけの麺類や「○○を加えて炒めるだけの素」系にステップアップして、パッケージの箱や袋の裏に書いてあるレシピを見ながら作れるよう、たとえ私が次の手順を分かっていても「箱に次はなんて書いてある？」と声かけして促しながら、手順確認を習慣づけて、自分でできるようにしています。

口頭でも、短く一度に一個だけ「やること」の手順を伝えていけば、混乱せずにひとつひとつ取り組めます。手描きイラストのレシピでなくても、メモやホワイトボードに、箇条書きで手順を書いてあげるだけでも、少し落ち着いてできると思います。

「子ども用レシピ集」は、うちの子・環境に合わせて作ったものですが、ここまで丁寧に、本当に基本的な料理の動きを描いてあるものはなかなかないと思っています。「できている」「分かっている」ことが前提だとハードルが高いことも、その子の目線に合わせることで、どんなお子さんにも、「やってみたい！」という気持ちを、実際の行動に移す手助けができます。

25

家事をジャマされる↓「洗濯バサミ」で指先ワーク

子どもというのは、親が忙しい時に限って、「見て！　見て！」とやって来るので、あれもこれもちっとも終わりません。そんな時には、一緒に少し手伝ってもらうか、具体的な待ち方を声かけして、ちょっとしたあそびで待ってもらっています。

お手伝いは、料理同様、子どもに合わせた環境や道具を用意するのが、双方ストレスなく続けられるコツです。もの干しも、末っ娘が手伝いやすいようにしました。

ただし、ベランダに踏み台置きっぱなしは危ないので、大きめのS字フック、タオルハンガーを利用して、幼児の背たけでも届く低い位置に、長女専用の小物干しハンガーを設置しました。小さなハンガーで分担すると、お仕事を達成しやすいです。

また、「これで好きなもの作って待っててね」と、「おもちゃ」として大量に買い置きしてある、カラフルな洗濯バサミを、まとめてカゴに入れて子どもに渡し、自由なアート作品を作って、あそんで待っていることもあります（3ページ⑥）。

洗濯バサミアートは、指先の分業を促す療育あそびになります。指には「ものをつまみ、動かし、操作する指」（親指・人差し指・なか指）と、「ものをつかみ、握って、支え、固定する指」（なか指・薬指・小指）の2つの働きがあるそうで、この分業ができていないと、はしや鉛筆を思ったように動かせないので、ものをこぼしたり、字が乱れたりする原因にもなるようです（参考『遊んでいるうちに手先が器用になる！　発達障害の子の指遊び・手遊び・腕遊び』木村順・監修／講談社）。

また、私が洗濯物をたたむため、腰を下ろした瞬間を狙って、子ども達は一斉にひざの上に乗り込んできますが、そのまま作業を続けます。つまり、子ども達の顔やお腹の上に服をのせて、しわを伸ばしたり、顔の前でバサバサとタオルを振って風を送ったりするのです。これも、感覚あそびの一種になります。

最近は、そうやってまとわりついてくるのも、そろそろ一番下の子も卒業しそうですが、相変わらず家事はちっとも終わりません。なぜでしょうね。

26

買い物レッスン1　どこから始める？

まずは自動販売機からスタート！

子どもが「買い物スキル」を身につけるために、うちではどの子にもスモールステップで、こちらもあちらもハードルを下げて、初歩の初歩からやっていきました。「うちの子専門家」のノウハウを総結集していますので、買い物以外のどんなことでも、丁寧に教え、身につけ、定着させる方法として、応用できると思います。

買い物は、子どもとバトルしながらガマンを教えるのも大事ですが、小さい頃のムダ遣いはたかが知れています。しっかりモトを取って、上手な買い物スキルや金銭感覚を身につけてもらったほうが、将来的には大きな節約になります。

私は「自動販売機」が、小さな子の買い物デビューにはいいと思います。コインを入れてボタンを押すとモノが出てくる、シンプルな構図が分かりやすいからです。

【自動販売機での買い物のポイント】

ステップ１：買うものを決める

モノを選ぶ目は、たくさんムダや失敗を積み重ねないとなかなか身につかないと思います。大事なのは「子どもが選んだものに注文をつけない」です。「コーラはやめなさい！」とか「お茶にしといたら？」とか横から言いたくなるのを堪え、子どもが自分で選び、決めたことを実行できるようにします。

ステップ２：お金を入れる

必要なお金を渡します。「コインを握って穴に入れる」という動作は、指の分業を育てるためにもよい動きのようです。できればお金はまとめて渡して、握りながら入れられるようにすると効果的です。それが難しい子や、数の感覚がまだあやふやな子には、小銭を自分の手のひらに山盛りにして、そこから欲しいジュースのランプが点くまで、コインを入れ続けてみます。後ろに人が並んでいなければ、間違ってもいいから、何枚でもコインを入れさせてみます。子どもが楽しくていっぱい入れたがる時は、10円玉をたくさん用意しました。日常で自販機を使う機会は多いので、その都度「握って入れる」療育あそびができます。

ステップ3：ボタンを押す

小さな子は、ボタンに手が届かないので、私が簡易踏み台（中腰でお相撲さんが懸賞金をもらう時のポーズ）になってあげます。このポーズがパッとできると、小さな子どもをサポートする時、抱っこよりも負担が少なく気長につき合える上、バランス運動にもなります。

ステップ4：ほめて、フィードバックする

見事エモノをGETできたら「できたね！　買えたね！」と、ほめます。その場で飲んで、「冷たくて美味しい！」と、感覚と一緒に成功体験を積めると、本人の記憶に残りやすいと思います。初めてできた時には、スマホで記念写真を撮って、できた成功体験の記録を残してあげます。

こんなささいな日常の動作でも、いろいろ意識してみると、結構充実した「お買い物」になるんです。子どもの「これが欲しい！」「自分でやりたい！」という、こだわりエネルギーを有効活用して、少しずつステップアップしていけます。

27 買い物レッスン2　お店の迷惑？

↓ 同じ店・曜日・時間帯・レジに行く！

お金とモノとの関係が分かってきたら、次はお店で実践です。

うちでは、計算ができる・できないにかかわらず、子どもに「自分で買ってみたい」という意欲が出てきたタイミングで、挑戦してみました。

さて、「買い物レッスン」を快適にするための鉄則があります！

【鉄則その一】徒歩圏のお店の空《す》いている時間帯を選ぶべし！

【鉄則その二】できるだけ同じ曜日の決まった時間に行くべし！

【鉄則その三】主婦のパートさんのレジに並ぶべし！

これは私が、子どもに気長につき合い、お店の人の協力を得やすくするための秘訣です。きょうだいがいる場合は、できれば一人で連れ出せる時がベストです。

地域や店舗によって、混雑する時間帯は異なりますが、うちではスーパーなどは平日開店直後の朝か、昼過ぎ2時から4時の時間帯を狙って、兄弟の幼稚園や習い事の送り迎えのついでに、入園前の子とちょこっとレッスンしていました。

そして、同じ曜日の同じ時間帯に行けば、同じ主婦のパートさんがレジで接客してくれます。ベテランお母さんは、子どもがモタモタしてもにこやかに待ってくれ、「いいもの買えたね」なんて、ほめてくれます。若い学生バイトのお兄さんのレジにはお母さんが一人の時に並ぶとして（笑）、上手に先輩方のお力を借りちゃいます。

また、どのレッスン過程でも、子どもの買い物のあと、私にはもう一つ大事なお仕事があります。子どもが無事買えたら、お店の方に「ありがとうございます」、少々手間取ったら「お手数かけてすみません」と伝えています。そのほうが、お店の方もよく覚えてくれ、だんだんと周囲の目線が温かいものに変わっていくのを感じます。

肩身の狭い思いをしながら足早に買い物を済ませるより、頭を下げつつ、地域に子どもの理解者・協力者をじょじょに増やしてゆくほうが、私も楽になる近道です。

お母さんのほんのちょっとの根回し……いえ、心がけで、子どもを取りまく環境は、次第に変わってゆくと思っています。

28

買い物レッスン3 難易度が高い

ステップ順の教え方・見守り方

お店での買い物の手始めにピッタリなのは、100円ショップです。ものの数と必要な100円玉の数が一致していて、計算がまだ難しい子にも分かりやすいです。

【ステップ順の教え方・見守り方】

ステップ1：お手本を見せ、イメージをつける

普段から、親が目の前でお手本を見せたり、レジの流れを記した「買い物の手順カード」を作っておいたりすると、イメージしやすい（4ページ⑦）。手順カードは、写真とスマホの落書きアプリで簡単に作ることができる。

ステップ2：一緒にやる

親と一緒にレジを通り、子どもは商品とお金を渡すだけ。うまくできない時は、黒子になって（プロンプト）、後ろから手を添えて渡す。

ステップ3：一歩下がって声かけ

親は一歩後ろに下がる。うまくできない時は、小声で「お金だして」「ありがとうございます」など、「ささやきかあちゃん」で声かけ誘導。

ステップ4：離れて見守り

「ここでかあちゃんは見てるからね」など声かけし、子どもから離れて、レジから数メートル〜ギリギリ見える範囲のところで見守る。

ステップ5：ほめる・フィードバックする

買えたら「自分で買えたね！」とほめる。不安が強かったり、うまくいかなければ一ステップ前に戻る。できたらポイントをあげたり、写真で記録。

この手順は、どんなことでも同じです。最初は目の前で繰り返しお手本を見せ、イメージをつけ、一緒にやって手を添えて動きに慣れ、言葉でも「具体的指示→促し→気づかせ」と声かけの段階を踏みます。そして、親はだんだんと離れて見守ります。

29 買い物レッスン4 カートから逃走！

「指示ゲーム」でお仕事を与える

買い物中、なんで走り回ってしまうのかを長男に聞くと、「ヒマだから！！！」とのこと。そこで、子ども達にはお仕事を与えて、買い物も早く済み、算数の基礎学習や話を聞く練習にもなる「指示ゲーム」をしたところ、少しはマシになりました。子どもの発達や年齢、興味、理解力に合わせ、具体的にミッションを伝えます。

【「指示ゲーム」のミッションのうちの声かけ例】

数への興味の出始めの頃：

「いちばん大きい人参取ってくれる？」

「（指を2本立てて見せて）美味しそうなトマトを2個選んでくれる？」

数と量の感覚（量感）を育てたい場合：

「もやしの種類の中で一番安いのどれかな？」

「タマネギのフクロで一番多く入ってそうなのをお願い」

記憶力・注意力を育てたい場合：

「『いつもの』ふりかけ、取ってきてくれる？」

「冷蔵庫に納豆まだあった？　なかったら『お父さんが好きなヤツ』をお願い」

空間認知能力（左右や方向感覚など）を育てたい場合：

「上から2番目の棚の、左から3番目のおみそ、取ってくれる？」

「まっすぐ行って、3番目のカドを左で、『○○カレー』取ってきてくれる？」

話を聞く力を伸ばしたい場合（上級編）：

「ひき肉300gの割引がついたもので、一番『お買い得』なの選んできてね」

「プリン3個パックを2個、ゼリー4個パックと卵10個パック1個、よろしく！」

その子にとって、やや簡単～難しいけどがんばればなんとかできる、ちょうどよいレベルのミッションをゲーム感覚で与えれば、飽きずに楽しく買い物できます。

30

買い物レッスン5 予算内で買う

自然とお店の人とも話せるように

次は、予算内で自分だけで買う練習です。暗算が苦手な子でも、「カゴに入れたものは足し算、おつりは引き算」などが大まかに分かっていれば大丈夫。指示や電卓、お店の人の協力で、なんとかなります。

【自分だけで予算内で買う練習のステップ】

ステップ1：スーパーでの買い物の声かけ

普段のスーパーで、余計なものをカートに追加で入れてきたら、「1個入れたら1個戻そうか。どっちのお菓子がいい？」など、交渉しながらお互いに妥協しています。また、お兄ちゃん達には電卓係をお願いしたり、レジでカゴを出す時に「合計何円くらいだと思う？」とクイズで、大まかな食費の感覚が掴めるようにしています。

ステップ2：お店で指示を出しながら、一緒にお菓子を買う

ステップ3で行くお店の買い物に慣らします。長男には、駄菓子を買う時に100円玉を渡して、「これでピタリ賞できるかな？」と声かけすると、結構がんばって考えてくれました。次男・長女が小さな頃は「ここからここまでのお菓子なら3個、こっちだったら1袋までね」と、指を見せて個数で説明しました。少し予算オーバーでもいいからレジに出し、予算内に収まれば「おお！　いい買い物ができたね！」とほめ、ちょっとハミ出たら「惜しい！　ニアピン賞」と、フォローしています。

ステップ3：自分で予算内に買う

買い物には予算がある、ということを感覚で摑めてきたら、自分で予算内で買えるよう、おつかいを頼みます。子ども用の財布と、買い物メモと、電卓を握りしめ、お店にゆきます。買い物メモには、「もしその商品がなければどうするか」まで具体的に書いて、予想外のでき事に対するパニックを予防しています。「おつりで駄菓子を買っていいよ」と書いておくと、がんばれました。

うちでは、この段階になったら、兄弟だけでお店まで行けましたが、妹一人の場合は危ないので、お店の前まで送り、外からガラス越しに見守っています（お子さんの

年齢や特性、地域性などを充分ご考慮の上、見守りをご判断下さい）。

お店は徒歩で行ける範囲の、行き慣れた小さな店がいいと思います。うちは近所に、子ども達が赤ちゃんの頃から顔なじみの、優しいおじいちゃん・おばあちゃんが経営する個人商店があるので、そこなら安心です。子どもが自分で買う時も、届かない場所の商品を取ってくれたり、合計金額を確認したり、お金を一緒に数えてくれたりと、助けて下さいます。

無事買うことができたら「助かるわあ。ありがとう」と感謝を伝え、買えたものは早速夕飯に出して、一緒に味わって、感覚でも達成感を得ます。

自分で買い物をする練習をしていると、シャイな次男も、必要に迫られて「これ、いくらですか？」「○○はどこですか？」から始まって、お店の人と少しずつお話できるようになりました。今では、お店のおじいちゃんおばあちゃんとのちょっとした会話を楽しみにしているようです。

こういった、日常生活に必要な最低限のコミュニケーションが取れるようになるだけでも、親の不安感はずいぶんと違うと思います。

31

買い物レッスン6　外食に挑戦

ファストフードで自分でオーダーする

小さなステップを積み重ねてきた買い物レッスンの総仕上げは、「自分でオーダーする」です。うちでは教えやすさ、ハードルの低さという点で、身近なファストフードのお店などを活用しています（食育的な面で気になる方はお店を選んで下さいね）。

【自分でオーダーする練習のステップ】

ステップ１：親と一緒に注文する

準備段階に、外食時、注文をする際、自分で選んだものは自分で言うよう促して、慣らしておきます。最初は、メニュー表を指差すだけでもいいと思います。

ステップ２：自分で決めてから並ぶ

お店では、最初に「全部で○円までで選んでね」と予算を伝え、先にお金を渡します。そして、注文するものを、カンバンやショーケースなどを見て、あらかじめ先に決めてから、列に並びます。アイスクリームなどのショーケースは、簡易踏み台ポーズで補助すれば、小さな子でもゆっくり見て決められます。自分で決める練習なので、「あ〜、それはやめといたら……？」とは、なるべく言わずに、私も黙って見守る練習です。

ステップ３：親が補助しながら、自分で注文する

列に並んでいる時に台詞を確認。なんとか自分で言えそうな子には『ぶどうシャーベット、コーンのSサイズ下さい』でOKだよ」とレクチャー。少し慣れてきた子には「なんて注文するの？」と確認。順番がきたら、自分でオーダーを言います。もし台詞が出てこない場合は、そばで「ささやきかあちゃん」です。どうしても言えない子は、メニュー表を指で差し、お店の人が「ぶどうシャーベットですか？」と聞き返してくれるので、うなずくだけでもOKです。

ステップ４：お店の人の確認を聞く

オーダーすると、お店の人が注文を繰り返したり、確認が入ります。返事は、たいていは「はい」か、うなずくだけでOKですが、「すみません、売り切れてしまいました」「お時間かかりますが、よろしいですか？」など時々予想外のことを言われます。人気商品などは特に、あらかじめ、お店に入る前に「売り切れの可能性もあるよ。もしそうだったらどうする？」など、予定どおりにいかない可能性と、どうすればいいのか、事前に対処法を考えておければベストです。感覚が敏感な子には、賑やかなお店の中で、台詞を正確に聞き取るのは、私が思うより難易度が高いようです。英会話と同じで、何度かトライするうち、会話のパターンが予想できるようになれば、部分的に聞き取れた単語で、ある程度内容を捉えられるようになると思います。

ステップ5：お金を払い、商品を受け取る

商品を先に受け取ると、財布から小銭を出す手が塞がってしまいますし、「商品をもらうのはお金を払ったあと」は社会的なルールなので、「おつりを財布にしまってから、商品を受け取る」と、手順のパターンを伝えています。

ステップ6：一緒に味わい、成功体験をフィードバックする

たとえ黒子が9割くらい助け舟を出したとしても、最終的に食べ物が買えたら

「買えたね！」、お店の人とのやりとりを途中でギブアップしても「順番を待って並べたね」などと、できたところまでほめます。そして、オーダーして買えたものをその場で味わえば、それがそのまま「ごほうび」になります。

ステップ7：ステップ2～6を繰り返しながら、親はだんだん離れていく

よちよち歩きの頃、自動販売機から始まったうちの長男の「買い物レッスン」は、約9年後の現在、一人で千円札を握りしめて並び、自分で好きなトッピングを選んで載せていくセルフ式のうどん屋さんでも、安心して席から見ていられるようになり、私もようやく、ゆっくり自分の食事を味わえるようになりました。

親がスモールステップで、丁寧に気長につき合うのは根気のいることですが、たとえファストフードでも、自分で決めて、自分でオーダーできるようになれば、どこにでも行けます（お金さえあれば！）。あの有名ハンバーガーチェーン店は、世界118カ国に（2009年現在）あるのだそうです。

小さなことから始めて、子どもに生きる力をつけてあげれば、次第に世界を広げていくことができます。

32

算数が苦手……

日常生活の中で数感覚を育てる

私は、子どもが数とモノの関係を実感する、実際の数感覚の体験の充分な下地があって、初めて頭の中での計算や図形の理解へと応用できるものだと思っています。

教科書を開く前に、「感覚」を通して数と親しんでおくと、数学的なものへの興味を広げてあげることができます。

実は、今でこそ長男は、算数の成績はよくありませんが、入学前の幼い頃は数への興味が強く、一日中、数字を眺めて並べてあそび、一人で飽きることなく、「数字は友だち」で、幸せな時間を過ごしていましたっけ。

逆に、次男は小さな頃は数への興味と理解がゆっくりめでしたが、今は「おれ、算数だけは得意！」と自信がついてきました。長女は最近、興味が出てきたところ。

そんなうちの子達とは、こんなあそびを通して、数感覚を育んできました。

おはじきBOX（4ページ⑧）

100円ショップのフタがソフト素材の保存容器に、カッターでフタにおはじきがギリギリ通る大きさの切れ目を入れたもの。握って入れるだけでも指先の運動になるが、おはじきを目一杯掴んで「何個入ってるかな？」などと聞いて、容器に入れながら一緒に数えてあそぶとなおよい。市販の貯金箱と現金でも同様のあそびができる。

コインケースの両替えあそび（4ページ⑨）

100円ショップの事務用品売り場にあるコインケースに、数字を入れたカラーシールを貼ったもの。「両替えしてあげるから、10円が10枚貯まったら教えてね」と声かけしておき、現金で両替えあそびができる（お小遣いの管理などに使うとよい）。両替えに慣れていると、計算の繰り上がり、繰り下がりのイメージが分かりやすい。

お菓子を数える・分ける

お菓子を数えながら口に入れる。渡す時「いくつ欲しい？」と聞く。ピザやホットケーキを人数分に自分達で切り分ける。「チョコは一人○個ずつ」と分けて、割り切れなかった余りをどうするか相談する、など、味覚と視覚で数体験を積む。

指・手・身体にタッチ

「3回までね」など回数や時間を確認する時に指を見せる。「○子は5歳!」と4本指で見せてきたら、指でタッチしながら数え「1、2、3、4……あれ?」と気づかせる。お風呂で10数えたらドカーンと持ち上げるなど、触覚や身体感覚で体感する。

現金やお菓子を使ったり、スキンシップを取り入れたりするのは、学校や塾ではなかなかやりにくい、家庭ならではの数あそびです。また、算数の宿題でも、文章問題などには、実際に現金やお菓子などを並べてみせると分かりやすく、捗《はかど》ります。また、日常の中で、エレベーターのボタンを押したり、順番の整理券を持つ係にしたり、と子どもが小さな数体験を積み重ねられるよう、少しだけ意識しています。

紙の上の数字だけでは難しいことも、実体験のベースが豊富にあると、感覚的に理解しやすくなると思います。

33 読書好きに育てたい ↓ 本の配置・陳列の工夫

「子どもを読書好きに育てたい」と思って本を買い与えても、なかなか手に取らない場合、**街の本屋さんと同じように、配置や陳列を工夫してみるといいかもしれません。**本が棚に整然と並んでいるのは気持ちがいいものですが、うちではそれは「読んでいない」という意味です。床にちょっと散らばっているくらいなら「しめしめ、読んでるな」と、私は喜んでいいことだと思っています。

私は、本の「動きが悪い」と思ったら、時々配置を入れ替えます。うちの本の一等地はトイレです。毎日必ず目に入り、つい手に取ってしまいます。その他、リビングに面ディスプレイ、階段の壁、廊下、寝室、子ども部屋、とあちこちに本棚がありますが、その中でも、よく目につく位置、手に取りやすい場所があるのです。

やはり、子どもの目線の高さで、毎日自然と目に入る位置の本の動きがよく、そこへ子どもの興味関心やタイムリーな話題の本と、さらっと入れ替えておきます。

たとえば、梅雨時には水に関連した絵本、ニュースで自然災害が話題になれば防災のマニュアル本を目につく場所に置いておく、といった具合です。私がワザと「読みかけ」にして、居間の床などに無造作に広げておくのも、かなり反応がいいです。

子どもが「本を自然と手に取る」には、ちょっとしたコツがあります。

うちには、大人も子どもも、かなりの量の本がありますが、これは読書家のパパが、作家の村上春樹氏が少年時代、ご両親から好きなだけ本を買い与えられて読んでいた、という話に感銘を受け、「本だけは借金してでも買っていいぞ」と言っているからです（家計を預かる主婦としては、そこまではできませんが……）。

本には、マンガもゲームの攻略本も含みますが、私は子どもの語彙や知識を増やし世界を広げるという意味では、攻略本なども文字だけの本と同じ価値があると思っています。うちの子達は教科書よりもマンガから多くを学んでいますし、ゲームの知識が豊富だと勉強は教えられなくても裏技を教えて、「スゲー！」と尊敬されます。マンガでもいいから活字を読む習慣が、生活に溶け込むことが大事だと思っています。

34

社会に関心を持ってほしい
↓
ニュースは子ども語に通訳する

自分の世界に入りがちな子には、その世界を大事にしつつ、少しだけ「世の中にはいろいろな考えや価値観を持った人がいる」ということが想像できるように、視野を広げてあげるといいと思います。**一番身近で手軽に「他の人の世界」を見る方法は、テレビです。**ネットの場合、自分の興味関心のあることばかりを検索しがちなので、情報が無選別に流れるテレビがこの場合は役立ちます（ただし、雑情報が多過ぎても負担になるので、「見てない時には消す」などをしています）。

うちでは、夕食時や休日に、子ども達とパパと一緒に、お笑い番組やクイズ番組などもよく見ていますが、ニュースも「子ども語」に通訳しながら、できる範囲で、分かりやすく時折内容を伝えています。たとえば、汚職で辞職した政治家などのニュースは「この○○さんは、皆から集めた『ぜい金』というお金で、自分の好きなものを買った上に、ウソの報告をしたから、『ぎいん』という皆の代表のお仕事をやめることになったんだよ」という具合です（ただし、私はなるべく、子どもに教える時に、ニュースには自分の主観を付け加えないようにしています）。

長男は、あの「号泣会見」の議員さんが大好き（？）で、その後の裁判の結果や、今後彼の人生がどうなっていくのか、高い関心を持っています。また、様々なニュースが流れていると、先生や警察官の犯罪、性被害やいじめ自殺、テロや戦争など、デリケートで複雑な話題も出てきます。そういった時も、子どもが「これってどういうこと？」と聞いてきたら、言葉を選びつつも、事実が伝わるようにしています。「こういう人もいる」「こういう世界もある」という、ひとつひとつのケースを伝え、不安になったら予防法や対処法を教えたり、社会的な知識を増やしたりしています。

ただ、私自身は、大規模な災害や、障害のある方が被害者・加害者になる事件、児童虐待や子どもが巻き込まれた事件などは、繰り返し映像を見ると視覚情報の受け取りがいいので、情報を忘れることができず、かなり心の負担になってしまいます。悲惨なでき事ばかりで「つらいな」と感じたら、テレビから離れるようにしています。

35

「なんで宿題をやる必要あるの？」
宿題とお手伝いは身近な職業訓練

私は、子ども達にできるだけ「お仕事」をすることを、今のうちから身につけておきたいと考えていますが、**最も身近で、そして基本的な職業訓練は「宿題」と「お手伝い」だと思います。**そのためうちでは、宿題・お手伝いには「ポイント手帳」（前著参照）でポイントをつけて、労働の報酬が得られるようにしています。

日本の小学校の、伝統的で退屈な漢字書き取りや音読、計算ドリルが、その子に合った学び方とは限らず、うちの子の学力を伸ばしているのかは、正直、私には分かりませんが、それでも、毎日出された宿題だけはこなすようにしています（ただし、LDなどがあって、あまりにも子どもの負担が大きな時には、量や内容を調整していただけるよう、先生にお願いしたほうがいい場合もあります）。

なぜかと言うと、ほとんどのお仕事には、提出期限や納期といったものがあるからです。言われたことを、言われた日までにやる、というのは、たとえフリーランスなど個人で仕事をする場合でも、そこに顧客や取引相手がいる以上、必要になってくるスキルです。だから、子どもに「なんで宿題なんてやらないといけないの?」と聞かれるたびに「今の○太郎のお仕事だから」と答えています。嫌だけれどやる、面倒だけれどやる、なんとか間に合わせる、というのは、大事な職業訓練だと思っています。

また、お手伝いも、基本的な生活スキルだけでなく、幅広い分野の仕事に応用できる動きが満載です。製造業、小売業、飲食店、介護・福祉、保育などの仕事に必要な動きは家事の延長にあり、デスクワークでも接待や簡単な掃除などはします。

何より、大変なことや面倒なことをすべて避けていたら、不便さや他の人の苦労は分かりません。

トヨタグループの創業者、豊田佐吉の自動はた織り機の発明も、お母さんの仕事が大変そうなのを少年時代にそばで見ていたのが原点だそうです。実際に手を動かして、大変だなあ、面倒だなあ、と思いながら宿題やお手伝いをすることは、創意工夫や「人の役に立ちたい」と願う原体験になります。

36 好きなことしかやらない！
↓ 好きなことを入口に世界が広がる

うちでは、長男にLDの傾向もあり、パソコンを「自分の身体の延長のように使い慣れてほしい」と、長男が小4、次男が小2の夏、早めにそれぞれ買い与えました。以来、毎日PCゲームのマインクラフト三昧です。でも、**宿題などの「お仕事」と睡眠や食事などの「生きるために必要なこと」をやっている限りは、ゲーム同様、時間制限を設けることはしていません**（ただし、朝晩は「静かにやること」を条件に、守れなければ電源の入る時間を決める、とルールの張り紙を貼っています）。

子どもが、寝食を忘れて熱中して、好きなことしかやらないと、親は少々不安になるかもしれません。確かに、興味の幅の狭い子に、いろんな動きや視野を広げる経験をさせていくことは大事なのですが、「好きなことを突き詰める、掘り下げる」ことでも、経験値を増やしてゆくことができます。
今では、長男はパソコンの扱いにもずいぶん慣れ、もう私が教えられることは何もありません。彼が好きなことに熱中し続けて、できるようになったこと、興味を持てるようになったことは、たくさんあります。

【マインクラフトで長男ができるようになったこと】

・パソコンの基本的操作とローマ字入力、高速タイピング、PCトラブルへの対処法
・分からないことは検索し、動画を見ながら調べ、試行錯誤で解決する方法
・プログラミングの基本と、PCの構造やセキュリティへの関心
・海外ユーザーとのチャットで、簡単な英語の理解、ルールの守り方、人のほめ方
・建築、鉱物、物理、資源や地形、古代文明への興味の広がり
・弟に協力プレイを頼む時の、丁寧なお願いのしかたと、ギブ&テイクの交渉術

自分の好きなことは、親が何もしなくても、勝手にどんどん吸収し、できるようになっていくので、私は「環境を整え、見守る」だけでよいと思っています。

3 章

ソーシャルスキルを身につけるコツ編

37

人の気持ちが分からない……？

↓

表情と言葉で分かりやすく伝える

子どもが「空気が読めない」「共感力が弱い」と言われても、それは、優しさや思いやりがないということと、イコールではありません。単に、周りの状況に気づいていない、相手の表情を正確に読み取れていない、というだけの場合も多いのです。

私はいつも子ども達に、嬉しい時には目尻を下げて、怒った時にはアゴにウメボシを作り、分かりやすい表情と「かあちゃん、嬉しいな／それはハラ立つよ」と感情を分かりやすく言葉で伝えるようにしています（声のトーンも使い分けます）。

長男は私がソファーでうんうん唸っていても容赦なくダイビングしてきますが、「かあちゃん、今頭痛くて休んでいるよ」と状況を伝えれば、肩を揉んでくれたりと思いやりのある行動をとることができます。優しい心は育っているんです。

38

情緒が乏しい……？

独自の世界と感覚は否定しない

アスペルガー・タイプを含むＡＳＤ（自閉症スペクトラム）のお子さんは、時に情緒面で無機質・無表情な印象を受けるかもしれませんが、私は、そういった子達の内面には、広大な世界が広がっていて、それを表情や言葉で表現して伝えるのが苦手なだけだと思っています。絵の具や楽器やパソコンなど、その子に合った表現手段を与えれば、爆発的な勢いで外側にも世界を表現できる可能性もあります（そして、こういった表現手段を得ることは、情緒の安定にも役立つと思います）。

私は自閉症のお子さんの描いた、独自の世界観の広がる、豊かで緻密《ちみつ》で繊細な、本当に素晴らしいこだわりの感じられる作品を観るのがとても好きです。

また、ＡＳＤの子は、美的な感覚や興味のあり方もユニークなので、一般的な「キレイ」「美しい」とは違った基準で、世界を見ているのだと思います。

新婚時代、パパと紅葉の季節にドライブに行ったら、「葉っぱが茶色くなっててキタナイね」と言われて、その後の生活がものすごく不安になった覚えがありますが(笑)、幾何学的な物質の結晶などのカタログは「見ていて飽きない」と言います。

こういった独自の感覚は、なかなか他人には理解されにくい部分がありますが、私は**「感情と感覚は否定しない」**ようにしています。たとえ、一般的な基準とは違っていても、本人には紛れもない真実なので、そんなふうに思うのはヘンだとか、ウソだとか、おかしい、と言われるのは、とてもつらいものです。それではますます「分かってもらえない」「理解されない」と孤独感を強めてしまう可能性があります。

実は、この考えの背景には、私が独身時代に父を介護していた経験があります。時には、ぶつかりもしましたが、父がどんなに非現実的なことを言っても話を合わせ、「父にとっての現実」だけは否定しないようにしていたため、人を信じられず気難しかった父も、私だけは信頼してくれたようです。

たった一人でも、家族に理解者がいたことは、いつも孤独だった父にとって、晩年、少しは救いになっていたと思いたいです。

39

話が分かりにくい ↓ 同じモノを仲介役にする

子どもの話は、主語が抜けたり、次々飛躍したり、とにかく一方的だったりと、分かりにくいことがあります。 親子の会話の仲介役として、24種類の感情を「表情」と「色」で表現した「かおパレット」を作りました（4ページ⑩）。これをテーブルなどに置きながら会話すると、話が弾むし、とても分かりやすくなります。

親子で共通のモノを見ながらだと、話が伝わりやすくなるのです。他にも、図や絵や箇条書きで書いて、それをお互いに見ながら会話することで、長男のまとまりのない話も整理されて伝わりやすくなり、私の言いたいことも目と言葉の両方で理解しやすくなるようです。最近では、学校の先生などと話す時も、自分で図や要点を紙に書きながら話すクセがつき、気持ちを説明しやすいようです。

40

空気が読めない
↓
正直者には読めない空気がある

長男は「空気が読めない」と言われます。実に間が悪く、相手の気持ちを勘違いして、「全開でGO!」サインが出てその場の雰囲気を壊してしまうことがあります。本人も時々「オレ、そういうの分かんないんだよね」とお手上げだったり、「オレの勘違いヤロー!!」と自分に腹を立てたりしています。

その理由の一つに、**「状況判断の苦手さ」**があり、これは「今、◯◯する時だよ」などの声かけで気づかせ、周りを見るように促しています（288ページ）。

もう一つの理由に、**「表情の読み取りが苦手・共感力の弱さ」**が考えられますが、これは本人が原因とばかりは言えないような気がしています。

感情を言葉と表情で分かりやすく伝えれば、長男は相手を思いやる行動がとれるのです。でも、学校や他の場面で、同じようにスムーズにいかないのはなぜでしょう。私は、それは「心と言葉と表情が一致してない子が増えたから」だと思っています。

相手が笑っていれば嬉しいだろうと思い、泣いていれば悲しいだろうと思う、正直過ぎる長男には、理解不能なことが多いのでしょう。『怒りをコントロールできない子の理解と援助』（大河原美以／金子書房）という学校の先生方やスクールカウンセラー向けの本によれば、感情が素直に表情に出る子は、心が健康なのだと受け取っていいようです。そして、成長とともに、ガマンする力もついてくるのだそうです。

私は、集団の中で空気を読んで上手に立ち回るのではなくて、自分の苦手なことを把握して、ソーシャルスキルやセルフコントロール、困った時に人の力を借りる方法などを丁寧に教えられることで、自分の個性や感情とのつき合い方を身につけていたほうが、安心して見守っていられる場合もあると思います。

そんなに急いで、ものわかりよく大人にならなくたっていいんです。どんな子も、泣いて笑って、いっぱいワガママ言って、大人を困らせて、一生に一度しかない子ども時代をお腹いっぱい思いっきり楽しんでほしいと、切に願っています。

41

その場に合った声の大きさが出ない

↓

「こえスケール」の数値で伝える

声が大き過ぎる、小さ過ぎる、その場に合った音量で声が出せない場合は、声の筋肉のコントロールがうまくできないことや、周りを見て判断するのが苦手なことが理由として考えられます。**全身の力加減ができるような運動や、周りを見て気づかせる声かけをしつつ、数値や実例で声量を意識する練習をするといいと思います。**

私は「こえスケール」を作りました（5ページ⑪ダウンロード可）。スケールを見せながら、あらかじめ「今はこれくらいでね」など伝えたり、場面にそぐわない声の時は「今はどれくらいの声の時かな？」などと確認します。また、スケールがない時も、小声で「声を『これくらい』にしてくれる？」と、実際に手本を見せたり、テレビの音量レベルなどの数値で教えたりすると分かりやすいようです。

42 困っている時でもニコニコしている

「こまりスケール」で「助けて」

いつもニコニコしている次男はおとなしく一見トラブルも少ないのですが、小さな頃にプールで浮き輪が外れて溺《おぼ》れかけた時も、ニコニコ静かに沈んでいったのを見てさすがに「ヤバイ！」と感じ、必要な時に「助けて！」「手伝って」と言えるように練習をするため、「こまりスケール」を作りました（5ページ⑫ダウンロード可）。最初はスケールを指差しで意思表示できればOKです。じょじょに、小声でささやいて「助けて」「手伝って」などの言葉が出るように促し、言えたら「言えたね」とほめます。**スケールを使うと、自分の困りがどの程度なのか客観視できるようになり、それだけでも少し安心できると思います。**今では次男は、学校で先生に困ったことや分からないことは、自分から質問できているようです。

43

周りを見て判断するのが苦手 ↓ 「TPOリスト」で一個ずつ入力

周りを見て判断するのが苦手だと、ついふざけ過ぎたり、思っていることが正直に全部口から出たり、自分勝手な行動をとってしまうことがあるようです。うちの長男もいろいろとやらかしまくっています。

でも、「空気が読めない」のは体質なので、怒ったところで変わりませんし、日本に住んでいるとちょっとしんどいですが、環境次第で「自己主張できる」「意志が強い」という素晴らしい長所となることもあります。周りを気にして、空気を読んでばかりいたら、成し遂げられないことはいっぱいあります。

ですが、どんな環境でも、「相手の気持ちを考えない」「自己中」と思われてしまうと、人からの信頼や協力を得にくくなってしまい、結果的に本人の不利益にもなってしまいます。こういった子には、やっていいことといけないことを、ひとつひとつ、プログラミングするように、具体的に視覚から入力していく必要があるように思います。

うちでは「TPOリスト」というカード集を作り、現在では3種類があります（6ページ⑮）。**カード作成のポイントは「本人と一緒にリストを作る」ことです。**

たとえばこんなふうに話し合いながら「心の中で言う言葉」リストを作りました。

母「人から言われて傷つく言葉って何がある？」
長男「バカ、アホ、マヌケ！（即答！）」
母「そうだね。それはどんな言葉の仲間？　もし言われたら、どんな感じがする？」
長男「うーん……バカにしてるカンジ？」
母「そうそう、相手をバカにしている言葉だよね（スマホに入力）。バカにされたと思う言葉は他にもある？」

など。どうしても出てこない時は、「かあちゃんは○○って言われるとすごく嫌なんだけど、他にもそういう言葉ある?」とヒントを出しました。

こうやって、「考えながら一緒に作る」過程自体が、とてもよいソーシャルスキル・トレーニングになります。リストは手書きでもいいのですが、うちでは、iPadやスマホに付属の「リマインダー」を使い、スクリーンショットで撮ってプリントしました。こうすると、リスト作りが簡単で、スッキリ見やすいです。

現在3種類あるそれぞれのカードを解説します(今後も増えていくと思います)。

「ふざけない時」リスト:長男は、はっきりと不快感を表す相手なら、ふざけ過ぎをやめられるのですが、「内心困っているけどニコニコしてくれている」とか「呆れて苦笑いされている」なんてビミョーな雰囲気は読み取れないので、相手の態度がどうであれ、ふざけてはいけない場面を書き出し「人は気持ちや時間に余裕のない時や、集中したい時に、ふざけている人を見ると、腹が立ったり、迷惑に思ったりすることがあります」と書き添えて伝えました。

「心の中で言う言葉」リスト:言われると人が傷つく、不愉快になる言葉を書き出し、リストにしました。ただし、「禁止ワード」などにはしませんでした。誰だって本当に腹が立ったら悪口や悪態くらい言いたくなります。それを「禁止」にしてしまうと、「そんなふうに思う自分はよくない」と気持ちを抑え込んでしまうかもしれません。心は自由です。「声には出さない。心の中では言っていい」と、うちでは「やっていいこと」を教えて、不適切な言葉が飛び出したら「どうするんだっけ？」と見せて気づかせます。

「相手の都合を聞く言葉」リスト：「空気なんて読めなくてもいいから、相手の都合や気持ちを聞ければOK！」と私は考えています。相手の都合を聞く習慣を身につけられれば、「空気が読めない」ことは長所として活かせると思います。また、それは、空気を読み過ぎて気疲れしてしまう次男タイプにも、いいのではないかと思っています。深読みし過ぎて的外れになったり、自分の行動にブレーキをかけ過ぎてしまうこともあるので、それよりは、はっきりと「こうしてもいいですか？」「どう思いますか？」と相手の都合や気持ちを確認したほうが、間違いが少ないと思います。

こんなふうに一緒に考えながらリストにして、ひとつひとつ入力していくことで、TPOを教えることができます。そして親自身も、カードを見せるだけでなく、目の前で繰り返し実践してお手本になってあげると、だんだんと習慣が身についてくると思います。

44 すぐ調子に乗る、お行儀が悪い！

簡単！「マナーカード」の作り方

子ども、特に男子という生き物は、親の思ったとおりになんて、ちっとも育っていきません。私も、長男には優しく賢い子になってほしいと願えば願うほど、愉快なお調子者にのびのびと育ってしまいました。そこで、子どもがあんなことやこんなことをした時のために、スマホアプリで「マナーカード」を作りました（6ページ⑯）。

【「マナーカード」の作り方】

用意するもの：写真加工アプリ（私はPicsPlay、FrameUrLife 等を使用）

1　子どもが「それはちょっと……」という行動をした時に、写真で撮って証拠を保存（ただし、あまりに無惨な姿は記録に残さず、うちでは笑って済ませる範囲まで)。お手本や、いいマナーの時の写真もあればなおよし。
2 注目させたい部分に「落書き」やスタンプで注意マークを入れ、よい例にはスマイルや花マル。NG例は、セピアやモノクロにして、トーンを落とすと印象が和らぐ。
3 余白の大きいフレームに入れ、テキストで分かりやすい標語などを入れる。

これらはプリントし、カードホルダーなどに入れたり、目につく場所に貼ったりして使います。

標語は、五・七・五調で、「食事中　う○こ　し○こ　ち○こ　は禁止!」など、できるだけストレートで分かりやすい、明解な言葉を選びました。

楽しく書くと茶化すこともありますが、まずは、どんな行動がマナー違反に当たるのか、自覚することからスタートしています。知らないでやるのと、知っててやるのは大違いです(ただし、あまりに見兼ねた行動には、低い声と険しい表情で、「STOP!」とブレーキをかけることもあります)。一見焼け石に水に思えることも、めげずにあれこれと試して、言い続けてみる価値はあると思っています。

45

順番が守れない、待てない

↓

「順番カード」を配る

列に並ぶ・順番を待つ、が苦手なお子さんは多いと思いますが、うちの子達を観察してみると、ファストフードやコンビニのレジ前のケース入りの商品などは、割と気長に待てるのです。「もしかして、番号札をくれるからでは？」と気がつきました。

そこで、１００円ショップで小さなカード立てを複数購入し、カードに手書きで数字を書き、まだ数が分かっていなかった末っ子娘のために、赤丸でドットも入れて分かりやすくした「順番カード」を作りました（６ページ⑰）。これを、兄弟妹が一挙に「かあちゃーん！」と押し寄せてきた時に渡して、うちの交通整理に使いました。

また、人気のお店に並ぶ時には、事前に「１時間くらい待つかもしれないけど、それでもいい？」とあらかじめ聞き、納得できてから、ゲーム機持参で入っています。

46 カードゲームに負けるとひっくり返す ➡ アナログゲームで楽しくSST

伝統的なトランプ・かるた・スゴロク・将棋から、「人生ゲーム」などのボードゲームや、トレーディング・カードに至るまで、テーブルで対面してできるアナログゲームは、素晴らしく優秀で楽しいソーシャルスキル・トレーニングのツールです。

なにせ、ルールを守ること、相手の気持ちを想像することやウソを見抜くこと、視線移動、手札を覚えるワーキングメモリ（短期の記憶力）の強化、会話をしながら協力や妥協をすることなどなど、凸凹さんが苦手なことの多い分野をフルカバーしながら、老若男女一緒に楽しみつつ、知らず知らずの療育になっているからです。

アナログゲーム療育アドバイザーの松本太一さんは、発達障害のある大人の方の就労支援に携わったご経験から、「子どものうちから人と関わる経験をたくさんして実践的なコミュニケーション力を身につけてもらう必要がある」（「アナログゲーム療育のススメ」松本さんＨＰより）と感じられて、現在「アナログゲーム療育」の開発・普及に尽力されていらっしゃるのだそうです。

私も、こういった考え方にはとても共感し、うちの子達にも、デジタルゲームに飽きたら、アナログゲームにも自然と手が伸びるようにと、子ども部屋に各種取り揃えてあります。

……ところがです！　実際に「子ども達とアナログゲームを」と張り切ってみても、ルールを守れない、負けたら泣く、ひっくり返す、コマ・チップや説明書をすぐになくすでは、こちらもうんざりしてしまいます。スムーズにゲームを進行し、無事終わるためには、少々の準備とコツが必要です。

【子ども達と平和にアナログゲームを楽しむためのコツ】

・買ったら即行で、説明書や小さなコマ、ペラペラの紙のお金などは、ラミネートでパウチするか、カードケースやファイルに入れたり、裏に厚紙を貼るなどして補強する。

・小さなパーツを入れる専用の収納ケースを用意。箱はゴムバンドで留める。
・サイコロを振り入れるお椀や、工具用トレーを人数分用意し、自分のカードやチップを、そこに入れるようにすると効率UP&トラブル防止。
・トランプや将棋などの分かりやすいルールブックを一緒に置いておく。
・ゲームを始める前に、ルールと全体の流れ、何が勝ちになるのかといったゴールを確認し（できれば図があるといい）、負ける可能性もあることの説明と、もし途中でリタイアしたくなったらどうしたらいいかのルールを決める（例：「手を挙げて『リタイア』と言えば、カードを親に戻してから、席を離れてよい」など）。全員、納得できてから始める。不安な子は、まず一通り、一人でやってみるのもテ。
・大人が入る場合、テキトーに、時々上手にさり気なく、負けてあげる。

これで、すべてのトラブルが防止できるわけではないですが、かなり落ち着いて遊ぶことができました。最初は負けるのが嫌で泣いていた子も、ゲームに慣れれば、楽しめるようになることも多く、まずは参加のハードルを下げます。

そして、うちではこんなアナログゲーム達がお気に入りです。

人生ゲーム（タカラトミー）：定番のゲームは、先の見通しのつきにくい子も、人生のシミュレーションとお金の仕組みが学べる。各種バリエーションあり。

かたろ〜ぐ（ちゃがちゃがゲームズ）：Facebookの仲間、川口洋一郎さんが考案した、あり合わせのカタログや図鑑から、相手の気持ちを想像して、好みを当てる優しさ溢《あふ》れる療育ゲーム。「ハートがかわいい！」と、娘のお気に入り。

モルQ（仮説社）：学校の取り出し個別指導の先生おすすめの分子カードゲーム。UNOのようなルールで、原子を集めて分子を作る。長男のお気に入り。

人狼ゲーム（幻冬舎、他）：誰が人狼かを話し合って探る心理ゲーム。ウソを見抜き、会話力や状況判断力が鍛えられる。高学年以降向け。参考動画多数あり。

最初は私が少しつき合う必要がありましたが、慣れてくれれば子ども同士で勝手にあそんでくれています。こんな「空気を読む」練習なら、楽しくできるかもしれません。

47

お説教が伝わらない
↓
「ルールブック」で描いて教える

「ルールブック」は文字どおり、オリジナルのルール集です（7ページ⑱）。ゲームなどのルールから、友だちに謝る時の流れなどの複雑なことまで、フローチャートや、図や表、イラストで分かりやすく描いたものを、一冊の本にまとめています。「しんよう」や「かんにんブクロ」など、目に見えない感情や抽象的な概念も、絵や数値にして説明すれば、結構分かってくれます。

その時、「相手の心の中のしんようポイントがたまると、できることが増えます」と、トクすることを箇条書きで例示し、**「ルールを守らないと○○できない」という情報よりも、「ルールを守れば○○できる」と、ポジティブな印象のほうが強くなるように意識しています。**

48

暗黙のルールが分からない➡

「母レター」で処世術を伝授

暗黙のルールを教えるため「母レター」という、母からの愛の手紙集もあります。

明解なルールでは説明がつかない、より複雑な暗黙の了解や、人づき合い、ニュースや社会の仕組みについての説明、性教育……私が親として伝授しておきたい「処世術」を、何かあるたびにレポート用紙に書いて、ルーズリーフに綴ったものです（7ページ⑲、内容の一部は283ページでご紹介します。）。

文章の書き方は、キャロル・グレイさんの開発された療育技法の「ソーシャルストーリー（TM）」なども参考にしています（自分で書くのが難しい場合、文例集なども出ています）。手紙にすることで、体験から「自然と学ぶ」や「失敗から気づく」「周りを見て判断する」が苦手な子の人生の経験値を上げていくことができます。

4 章

友だち関係といじめ対策編

49

慣れた人以外しゃべらない
↓
「選択性のかんもく」だった私

「選択性のかんもく」とは、家などで慣れた人とは話せるけど、それ以外の場所・人ではだんまりになるなどのことで、次男が小さな頃、ややその傾向がありましたが、実は私自身も小学3年生くらいまで、そんな子だったように思います。

私の場合、軽くうなずいたり、「うん」とか「はい」くらいは言えて、意思疎通はでき「内向的でおとなしい子」くらいの印象だったかと思います。選択性のかんもくになる原因や発達障害との関連性は明確ではないようですが、私自身のことを振り返ってみれば、複雑な家庭環境と感覚の過敏性があいまって、いろいろと空気を読み過ぎていたように思います（あくまで、私自身のことであり、お子さんによって、選択性のかんもくになる理由は様々だと思います）。

でも、当時の私は、授業中だけはしっかりと発言できました。なぜなら、出された問題に対して「正解」を答えればいいのですから。ところが、友だちとの自由な会話（フリートーク）の時間は「正解」が分からず、だんまりを決め込んでいました。休み時間や登下校は私にはひたすら苦行で、授業中よりも緊張して過ごしていました。

そんな私も、小3の時の担任の先生の言葉をきっかけに、皆と少しずつ話せるようになりました。授業中に私が教科書を音読したあとの休み時間、先生がふと、「みすずちゃんの声はいい声だね〜！　もっと聞かせて！」と、言ったそのひと言で、魔法が解けたように「なあんだ、声を聞かせるだけでいいのか」と気が楽になり、最初は先生から、そして次第に先生の周りの子たちとも、話せるようになったのです。

それでも、人前で話すことや、雑談に苦手意識があるまま大人になりましたが、前著の出版を機に、お世話になっている東ちひろ先生や知人の方のご厚意で少しだけ講演・講座の機会をいただき、そんな私が、なんと、講師として皆さんの前でお話しすることができたのです。自分は意外と話すことが好きだと、そこで初めて知りました。

そこで、今、人と話すのが苦手な子や大人の方に、かつて選択性のかんもくのある子だった私からのお手紙です。自分の心も、大事になさって下さいね。

今、人と話すのが苦手なあなたへ
― そして、小学生の頃の私へ ―

人と話すのが苦手なあなたは、きっととても心優しい子・方なのでしょうね。

もしかしたら、誰も傷つけないように、一生懸命言葉を選び、相手の期待する「正解」を探して、言葉が出てくるまでに、すごく時間がかかったり、ましてや、グループの会話だと、誰に返したらいいのかも分からないし、せっかく「正解」らしきものを思いついても、その間にお話はどんどん進んで、今頃言ったら雰囲気が壊れるかも……なんて、結局言葉を飲み込んでいるのかもしれませんね。

でもね。実は、他の人は「正解」を知りたいのではないんです。

あなたに話しかけてくる人は、自分の話を最後まで聴いて欲しいだけか、あなたの素敵な声が、ほんのちょっと聞きたいだけか、あなたに興味があって、自分との違いを知りたいだけなんです。

でも、自分の心がよく分からないうちは、無理に話さなくても大丈夫です。優しいあなたは、誰よりもまず、自分の心の声をよく聴いてあげて下さいね。

よく知らない子・人と、そんなにお話できなくてもいいから、今は、自分の心と仲良くなって、できるだけホンネで話せれば、それで充分です。そして、もし、自分の心の声がはっきりと聴こえてきたら、自然と、だれかにそれを伝えたくなるかもしれません。

もしかしたら、人を気遣って思いやり、相手に合わせてあげられる……そんな優しいあなたを必要としている人が、いつか、どこかで、待っているのかもしれませんね。

人と話すのが苦手だった、私より。

50 兄弟ゲンカばっかり！ 仲良し兄弟になるまでの道のり

今でこそ兄弟仲良しで、朝「学校なんてなければいいのにね〜！」「ね〜！」と肩を組んで登校していく長男と次男ですが、小さな頃は兄弟ゲンカばかりでした。

次男が生まれてすぐから、長男は激しい赤ちゃん返りで大暴れし、ちょっと目を離すと「ごろーん、ごろーん」と赤ちゃんの次男を転がして廊下に出してしまうので、私は片時も気の休まるヒマがありませんでした。幼児期には、一緒にあそびはするものの、すぐに兄が弟のおもちゃを取り上げ、泣かせてしまうので、兄は怒られてばかり。そのうち、関わらずに離れてあそぶようになってしまいました。

実はこれは、私がいつも兄が弟に手を出さないように監視の目を厳しくして、兄が弟のおもちゃを横取りすれば「返しなさい！」と言い、弟が兄のおもちゃに興味を持てば「貸してあげなさい！」と言っていたからなんです。長男にしてみれば、「じゃあ、一体どうやってあそべばいいの？」と分からなくなって、結局「関わらない」という選択をさせてしまった大失敗です。

「せっかく兄弟がいるのに、このままではいけない！」と思い直した私は、まず多少のケンカには片目をつぶることにして、弟が叩かれて泣かされて来た時には、キッチンの陰で抱っこして「よしよし、痛かったね～」と、受け止めるようにしました。

そして、兄には、あまりにひどいと思う暴力には、「やめて！」と強く言いましたが、それで最終的にやめてくれたら「やめられたね、ありがとう」とできたことをほめ、たまたまでも手を出さずにあそべた時に「今日は平和でかあちゃん嬉しい」と気持ちを伝えました。

これで次第に、兄弟が再び一緒にあそぶようになり、毎日仮面ライダーごっこや合体ロボに夢中になっていたものの、一方的に自己主張する兄に、ひたすらガマンし合わせる弟、という上下関係の構図になっていました。

ただし、お互いに「自己主張できる」「他の人に合わせられる」というのは、それぞれの長所でもあるので、そういった個性は大事にしつつ、**兄が少しでも譲ったり妥**

協できたら「譲ってくれてありがとう」と伝え、弟が少しでも自分の意見を言えたら、「自分の気持ちが言えたね」と、数年伝え続けました。

すると、兄弟関係以外の時でも、兄も多少は妥協したり譲ったりしながら他の子ともあそべるようになってきたし、弟もガマンし過ぎで心配していましたが、だんだんと嫌なことは断ったり、自分の意見を言えるようになっていきました。

今では兄弟はとてもフラットで対等なよい関係です。背格好も近いので一緒に買い物をしていると、よく「双子ですか？」と聞かれます。兄は弟の冷静な意見には一目置いて耳を傾け、弟はなんだかんだ言いつつも行動力のある兄を頼りにしています。親バカかもしれませんが、お互いが凸凹を補って支え合っているように思えます。

……とはいえ、今でも兄弟ゲンカはしょっちゅうします。それでも、謝れたり、交渉したり、別のことで気を引いたりしながら、すぐに仲直りできますし、ケンカしても以前のような「関わらない」という選択よりははるかにマシと思っています。

兄弟の関係が安定していると、妹や愛犬にも優しくすることができますし、お互いの友だちもあそびに来るので、いつもうちはぐちゃぐちゃで賑やかですが、安心して見守っていることができるようになりました。

51

男の子なのにおとなしいのよね……

癒し系男子は女子にモテます！

元気な子の子育ても、おとなしい子の子育ても、それぞれに悩みや心配があります。先述のとおり、うちの次男も幼稚園の頃はおとなしくて、私は心配していましたし、今はある程度自己主張できるようになりましたが、それでもおしゃべりというほどではなく、控えめで、もの静かな「アンドレ」タイプです（顔は丸いですが……）。

でも実はこの次男、女の子の友だちが多いんです！　お子さんが「男の子なのにおとなしい」「女の子とばかりあそんでいる」と心配されるかもしれませんが、私が子育て電話相談をお願いしていた東ちひろ先生によれば、こういう子のお母さんは安心してもいいのだそうです。

シビアで、現実的で、情報収集能力の高い女子という生き物は、自分を傷つける可能性のある子とはあまりあそびたがりませんよね。女の子からあそびに誘われる男の子は、厳しい基準に合格し「安全な男子」を認定されたのだと受け取ってよいようです。お母さんが見ていないところでも、人に優しくできている証拠です。そして、女子のとりとめのないおしゃべりやグチを、黙って聴いてくれるオトコは、子どもでも大人でもモテるんです。お母さんだって、パパにそうしてほしい方は多いのではないかと思います（私もです！）。女性は、解決策を知りたいのではありませんからね。「ただ、ひたすら聴いてほしい。黙ってそこにいてくれるだけでいい」というのは、日頃、複雑な人間関係でお疲れ気味の、小学生女子も同じのようです。

ところが、次男本人は自分のそんなところを気にして、「かあちゃん、おれって優しいでしょ？」「うん」「だから、ツマラナイオトコなんだよね……」なんて、ポツリとこぼします。普段「オモシロイオトコ」の長男に振り回されている私や、よく主張のぶつかる長女にとって、その辺で静かにゴロゴロしている次男は、そこにいてくれるだけで癒されることが多いのですが、本人は自分のいいところに気づいてないようです。**でも、雄弁に語り、行動力があることだけが「強さ」ではありません。**人の気持ちを黙って受け止められる、影のように寄り添える、そういう「強さ」もあります。

52

いつも一人あそびばかりで心配
↓
一人が好きな子はいる

子どもに仲良しの友だちがなかなかできないと、親は心配になってしまうかもしれませんが、私は「**そのことで本人が困っているか、どうか」で、安心してもいい場合もあると思っています**。もし、子ども自身が「友だちとあそびたいのにうまくできない、誘ってもらえない」と困っているのなら、さり気なくサポートしてあげるのがいいと思いますが、本人が「一人であそぶのが好き。超楽しい」と思っている場合には、そんなに気にしなくてもいいのではないでしょうか。

うちの次男は前者タイプ、長男は後者タイプです。

長男の場合、幼稚園の頃は家で「数字が友だち」状態でしたし、小学校入学後は、せっかく「親友ができた」と喜んでいたのに、ケンカ別れ。現在は、特定のお子さんと特別に仲良しというわけではないけれど、支援級のお子さん達や弟の友だちと自由気ままに遊んで、シングル状態を謳歌しています。

大人だって「独身のほうが気楽でいいわよ」なんて方もいるのと同じです。子どもが一人でいるのが苦にならないタイプなら、あまり干渉せずに、そっとしておくのがいいと思っています。

ある時、テレビ番組で「ぼっち充」という言葉があるのを知りましたが、一緒に観ていた長男が「そうそう、ぼっちサイコー！　超楽しい」と言い出しました。実は、私もそうなので「かあちゃんもぼっちサイコー！」と言うと、パパも「俺もどっちかっていうとぼっちが好き～」とのこと。うちは「ぼっち充」が多数派なのです。

仲良しの友だちができるかは、結婚と同じで、自然とそうなったら素敵だけれど、本人が希望していなければ、周りがやきもきしても仕方ないんです。運がよければ、似た者同士で、うまくいくこともあるかもしれません。

そして、ぼっちが好きな子には、内的に無限に広がって完結している、飽きることのない楽しい自分の世界があります。自分の世界で充実できれば、外側に向かって扉が開くこともあるので、気長に見守っています。

53

友だちを作ってあげたほうがいい？

友だち作りのお膳立てはしない

では、子ども本人が「一緒にあそびたいのに、なかなか友だちができない」ことを気にしている場合、親はどんなふうにサポートしてあげたらいいのでしょう。

実は、私はお友だち作りに関しては本人に任せて見守り、「今度、○○ちゃんとあそんだら？」というようなお膳立てはしないようにしています。

幼稚園時代は、親同士がメールなどで連絡を取って、時間と場所をセッティングし、お母さん同伴であそぶということが多かったのですが、その場合も子ども本人から「○○ちゃんとあそびたいから、ママお約束して」と頼まれない限り、私は動きません。

ただ、自然と仲良くなれるよう、ご近所のお子さんが幼稚園のあとに集まる公園などには、時折連れて行ったりもしました。

長女の場合は、すぐに低学年の次男が帰宅してくるので、他の子とあそびたい時には、幼稚園の延長保育を頼み、友だち作りの場として利用しています。小学生になれば、私は子どもの友だち作りには一切口を出しません。電話のかけ方を教えたり、おやつを用意したり、遠くの子の家の前まで車で送ることはしますが、誰とあそぶか、誰と友だちになるかは、子ども本人にしか決められないことだと思っています。

また、他のお子さんに「うちの子とあそんでくれる？」と頼むこともしません。相手のお母さんからそんなふうに言われた時には、電話番号を教えて「『○○君があそびたい時に、○太郎に直接聞いてみてね』と、お子さんに伝えていただけますか？」と、子ども同士の意思と都合に任せるようにしています。どちらかに「あそんであげている」という意識があると、子ども達の間に上下関係ができそうだからです。

本人同士が、自分の意思で一緒にあそびたいと思っている相手とは、多少の凸凹があっても、結構トラブルなく仲良くあそべるようですが、おつき合いでしぶしぶ一緒に時間を過ごしている場合は、ちょっとしたことが不満になって、うまくいかないことが多いように思います。

友だちには、「つき合い」ではなく「お互いの心」でなればいいと思っています。

54

あそぶ約束ができない

↓

地図と質問メモで自分で約束する

子ども達のお互いのフィーリングが合い、「じゃあ、うちであそぼうよ」という段階になったら、私は、自宅の地図と「質問メモ」であそぶ約束の仕方を教えています。

今は個人情報保護の観点から、クラスのお子さんの自宅の住所や電話番号は、本人に聞かないと分からないことがほとんどのようなので、一緒にあそびたいと思うお友だちができたら、分かりやすい目印を書き込んだうちの地図と、自宅の住所と電話番号を書いたメモを作ってあげて、子どもから学校で渡し、連絡を待つことにしています。お返しに相手の電話番号をいただけたら、子どもが「今日○○君とあそびたい」と言う時に、自分で電話をかけてみるように促します。

うちでは「家電の使い方カード」（前著参照）を作って、電話器の操作方法も近くにヒモで吊るしていますが、これだけだと複雑な話は難しかったり、緊張して大事なことを聞き忘れてしまったりすることもあるので、**「どこであそぶ？」「何時に行く？」「何かいるものある？」……と、メモ帳に質問を書いてあげ、空欄にメモを取るよう教えます。**

話を聞きながらメモを書くのが難しかったり、うまく会話ができない時には、ハンズフリーで私が代わりにメモしたり、隣で台詞をささやいて慣れるまでフォローします。今では、引っ込み思案の次男でも、帰宅後毎日のように友だちに自分で電話をかけたりかかってきたりで、メモを見なくてもあそぶ約束ができるようになりました。

他にも、次男は先生に「この宿題は、これでいいのか」といった、分からないことを質問する時にも、聞くことが頭で分かっていても、緊張すると台詞が出てこなくなってしまうそうで、「質問メモ」を慣れるまで何回か作り、安心できたようです。

長男は、連絡帳忘れの時には、自分で先生や友だちに電話で聞くようにしています。

大人になってからも「まず、アポイントを取り、相手の都合を聞いて確認する、記録する」「分からないことは自分で聞く」というのは、仕事でも必要なスキルなので、子どものうちから習慣として身につけたいと思っています。

55

よそのお子さんにも注意する?

子どもの世界に介入しない

子どもの友だちが家に来たら、私は子ども同士の世界には入りません。幼稚園時代のお母様同伴の時には、大慌てで朝から片づけと掃除に奔走し、お茶菓子はどうしようかとオロオロしましたが、子ども達だけであそべるようになったら、ありのままの家庭の姿で開放しています。でも、少々散らかっているくらいのほうが、子ども達には居心地がいいようで、毎日のようにやって来てはすっかりくつろいでいる様子です。

長男・次男のそれぞれの友だちと、幼稚園児の長女、愛犬がごちゃまぜにあそび、家中が混沌として、大変インクルーシブです。そして、私は「子どもの友だちは、私のお客様ではない」というスタンスで、オモテナシも、もめごとの仲裁もしません。

お菓子は買っておいたり、友だちのお母さんが持たせてくれますが、それを出すのはうちの子達のお仕事です。飲み物も、各自水筒持参か、廊下にウォータージャグと紙コップと「ご自由にどうぞ」の張り紙で、セルフサービスです。トイレにも標識を貼って「トイレどこですか？」に、その都度答える手間もありません。

私があまり口うるさく介入しないほうが、子ども達はストレスなく、のびのびとあそび、あまり大きなトラブルもありません。多少のもめごとはありますが、うちの子達も含め、誰かがぷいっと階段を下りてきて、リビングに一人でいても、私はいつもどおり洗濯物をたたみ、夕飯を作りながら、近くでなんとなく見守っているだけです。すると、一人になった子は、テレビを観たり、犬とあそぶうち、ほどほどに気を取り直して、トントンと階段を上がり、再び、子どもだけの世界に戻っていきます。

また、もしも、「叩く」「蹴る」「ものを壊す」「『死ね』と言う」などの目に余る行為があれば、「やめて！」と険しい表情で強く言って止めますが、それ以外のちょっと気になる行動には、個別に、皆から離れている時や、帰ったあとで「○○って言い方は、かあちゃんはよくないと思うよ。なんて言えばよかったと思う？」等と、言葉や行動だけを指摘して、やっていいことは何か、考えるように促しています。

私は、大人は「安全な居場所」だけ提供すれば充分、と考えています。

56

いつもTVゲームばかり！
↓
ゲームを味方に協調性UP！

一昔前は、公園やファストフード店で携帯ゲーム機を持ち寄って、それぞれ黙々と個別にあそぶ子ども達の姿に、大人達の嘆きの声がよく聞かれていましたが、最近のゲーム事情はちょっと違うようです。

長男・次男ともに毎日ゲーム三昧の日々で、友だちが来た時もゲームばかりですが、2階の子ども部屋からは、いつもワイワイと賑やかな声が聞こえてきます。実は、最近のTVゲームは、通信対戦や連携マルチプレイなどの工夫がされているゲームが人気のようで、友だちとタッグを組み、仲間のチームになって冒険の旅に出かけています。チームプレイでは、「おれはこっちから攻めるから、そっちを頼む！」だとか、「ヤバイ！　全滅する！　皆、助けに来てくれ～！」だとか、役割分担したり、協力をお願いしたりのコミュニケーション力が必要です。

また、モンスターやアイテムを、友だちと通信で交換しながら集めるシステムのゲームでは、「◯◯をあげるから、◯◯をちょうだい」と、ギブ&テイクの交渉をしたり、交換がフェアでない時はあれこれと話し合いの繰り返しです。

もちろん、TVゲームばかりだとデメリットもありますが、**子ども達はゲームの中で、協力したり、妥協したり、主張したり、譲ったり、勝ったり負けたりの経験を積んでいるんです。**何より、ゲームがきっかけで友だちができたのですから。

ぼっちが好きな長男も、引っ込み思案の次男も、自分の好きなことならすぐに上達するし、人一倍詳しくなれるので、学校の友だちとゲームが共通の話題になって、相手に興味を持ち、関わるきっかけになるんです。そして、友だちと一緒に過ごす時間が増えてくると、だんだんと一緒に出かけたりするなど、「TVゲーム以外」の関わりも見られるようになり、本当の冒険も友だちとし始めています。

学習理解に役立つゲームもありますし、勉強やソーシャルスキルに必要なことも、ゲームにたとえて説明すれば興味を持ってくれます。ゲームは上手につき合えば、いくらでも味方になってくれます。

57

行動範囲が広がってきて心配↓

「地図帳」と「タウンマップ」

子ども達の行動範囲が広がってくると、親の目の届かない場所が増えて、心配も広がってきます。うちでは、子どもだけで外出する時には子ども用ケータイを持たせていますが、**オリジナルの「地図帳」と「タウンマップ」も作って、初めて自分で行く場所へのルート確認や、生活圏の危険箇所の予習復習をしています。**

地図はGoogleマップなどで検索してプリントしたものに、赤ペンでルートを書き込んで、出かける時に持たせます。無事帰ってきたら、それをクリアファイルに入れ、新しい場所に行くたびにページが増えて、オリジナルの「地図帳」になってゆきます。「タウンマップ」は、近隣の住宅地図に、自宅、友だちの家、よく行く公園、スーパーなどに、シールを貼ってマークし、文字を書き込んで、いつも見える場所のドアに貼っています。こうすると、子どもの行動範囲がだんだんと広がる様子がよく分かります。危機管理や防災の観点からもタウンマップで、街の死角や一人で行ってはいけない場所、避難所なども、あらかじめ教えておくことは大事だと思います。

療育技法の「ソーシャルストーリー（TM）」の創設者であるキャロル・グレイさんは『発達障害といじめ〝いじめに立ち向かう〟10の解決策』（服巻智子訳・翻案・解説／クリエイツかもがわ）という著書の中で、子どもと周りの大人が状況を視覚的に理解するために「いじめ地図」を作ることをすすめています。

確かに、通学路や地域のあそび場の中で、大人の目が届きにくく、いじめの起こりやすい場所はあると思います。これを地図の上で「見える」ようにして共有するのは、とても大切なことです。うちでも、子どもから何か気になることを聞いた時には、その場所にシールを貼ってもらい、記録するようにしています。

また、100円ショップの日本地図と世界地図もリビングの壁に貼って、家族旅行で行った場所や遠方の親戚の家などを書き込み、ニュースで出てきた場所や、パパの出張先など、パッと指差して教えるのにも便利です。地図をフル活用することで、行動範囲の広がりに伴う心配事を減らすことができます。

58

注意し過ぎる・され過ぎる

↓

「注意レベル表」で基準を示す

ツッコミどころの多い凸凹さんは、周りの子から何かと注意されたり、本人もこだわりや真面目さから他の子に注意し過ぎることもあるようです。もちろん、本当に危ない時や、人の大きな迷惑になる時など、お互いに注意が必要な場合もありますが、どんな子でも、あまりに「毎日」「皆から」「ささいなことにまで」、周りから注意を受け続ければ、モラルハラスメントを受けた大人のように、不注意性が高まったり、失敗を過度に恐れたり、こだわりが強まってしまう心配もあるように思います。

そこで、注意が必要なこと、気持ちを伝えれば分かってくれそうなこと、「人は人」とスルーしたほうがいいこと、と3段階に分け、具体例と対応を表にまとめた「注意レベル表」を作りました（8ページ⑳ダウンロード可）。その場その場で臨機応

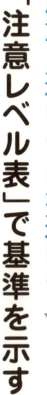

変に判断するのが苦手な子や、昨日「いい」と言われたことが今日は「ダメ」と言われると混乱する子は特に、表などで基準を明確に示してあげるこの手法は、いろんな場面で応用でき、分かりやすく、安心できると思います（この「注意レベル表」の内容は、あくまでうちの判断基準に合わせたものです）。

長男に「ここまでは言ってＯＫ」「ここからは『人は人』と考えようね」とレベル表を見せると、分かりやすい目安になり、時々自分で見直しています。子ども達はお互いに、いけないことを注意するのは、いいこと、正しいこと、相手のためと「よかれ」と思っていることもありますし、子どもは自分と相手の考えの境界線があいまいで、距離感が掴みにくく、小さな違いが気になってケンカの原因になったりもします。

でも、集団の中で、「〇〇君がいけないことをしているから、注意してもいい」という雰囲気ができ、それが続いてしまうと、いじめに発展してしまう可能性もあります。成長過程の子ども達は、どの子も自分と相手の違いに気づき、一人の人格としてお互いに認め合えるようになるまで、少々時間がかかります。

大人がガイドラインを示してあげることで、小さな傷が重なって大きな傷になる前に、予防できる場合もあります。

59

友だちを殴ってしまった！
一緒に謝りに行く時の心得

万が一、うちの子が友だちを殴ったり、ケガをさせてしまったりした時には、すぐに子どもと一緒に相手のお宅まで謝りに行きます。

以前長男は、ふとしたきっかけで、「ついカッとなって」学校の友だちに手が出てしまったことがありました。こんな時私は、まず一通り本人の話は聴きますが、「○太郎にも理由はあるかもしれないけど、それは人を殴っていいことにはならない。今から○○君の家に謝りに行くよ！」と、手を引いて連れ出し、「人を殴ってしまうと、今まで味方してくれた人の信用ポイントも失う」など、合理的にデメリットを説明して、とにかく謝ることには納得してもらいます。

相手のお宅に着いたら「○太郎の母です。今日は○○君にうちの子が手を出してしまい、本当にすみません。〇〇君とお話しさせていただけますか?」と、インターホンで頭を下げます。顔を出してくれたら、まず私から「〇〇君、今日は痛い思いをさせてしまって本当にごめんなさい」と謝り、それから相手の話をひとしきり聴きます。

その時に、先に子どもから聴いた事情で、自分の子が完全に悪いと思える場合も、相手の子にも原因があると感じられた場合も、まず、相手の話を一切否定せずに「そうですよね……」「そうでしたか……」と、相づちを打ちながら、とにかくすべてを話し終わるまで、丁寧に誠実な態度で聴いてゆくのがベストだと思います。

その上で、「〇〇君、それは痛かったよね」「嫌な思いをさせてしまって、ごめんね」と、お子さんの気持ちを代弁しながら繰り返し謝ります。相手側の気持ちが落ち着いてきたら、本人にも「〇太郎、謝ろうね」と促します。もし、本人がどうしても謝れなくても、肩に手を置くなどして一緒に頭を下げ、あとから、電話や手紙でもいいので「ごめんなさい、もうしません」と、本人から伝えるようにします。

その後、子ども達が落ち着くまでは、私は、しばらく車で送り迎えをするなどの対応を取り、学校の先生にも、前後の状況も含め、ひと言報告を入れます。

後述のセルフコントロールの取り組みなどで、現在長男は、他のお子さんに手を出しそうになっても、たいていは実行せずにすむようになりました。そんな時私は、本人の気持ちに共感し、手を出さなかったことを「よくガマンしたね」と声かけしています。

ただし、これから思春期に入ってくると、本人はもちろん、周りのお子さん達も難しい時期になっていきます。感情のコントロールがし切れない多感な時期には、子ども同士の衝突も増え、また、力も強くなるので、以前は「子どものケンカ」ですんでいたことが、「暴力」や「傷害」に発展してしまう場合も予想されます。

子どもが密かに抑え込んでいる強い不安や不満の感情は早めにケアし、過度な疲労や、ストレスやプレッシャーが長期的にかかり過ぎないように、心身のコンディションができるだけ安定するよう気を配ることが、結果的にはトラブルを減らすことになるように思います。

それでも、私は子どもが子どもである限り、どんな子でも「うちの子は絶対大丈夫」は、ないものと思っています。自分の子がやらかしたことは、腹を括《くく》って一緒に頭を下げながら、後始末に忍耐強くつき合うしかありません。

60 イヤなことをする子がいる ↓ 誰とでも仲良くしなくていい

集団生活の中では、子ども達は「皆と仲良くしなさい」と言われがちかと思います。**でも私は、これを言葉どおり真に受けてしまうと、かえっていじめを受けやすくなるのではないかと心配しています。**特に優しくおとなしい子の場合、一生懸命「誰とでも仲良く」なんて、がんばらないほうがいいと思っています。

次男は、「イヤなことする子がいる」と言う時に、私が肯定的に話を聴いても、「でも、オレが間違ってるかもしれないから……」と相手の名前を言わないのです。私はそんな次男の優しくてガマン強いところが大好きですが、「自分にイヤなことする子にまで、そんなに気を遣って、相手が叱《しか》られないように守ってあげなくていいんだよ。◯次郎はまだ子どもなんだから、そんなにガマンしなくていいんだよ」と伝えると、ぶわっと涙が溢れ出しました。

悪気はなくても、長男と同じように、はっきり言われなければ相手の気持ちに気づきにくいタイプの子もいるので、「それはイヤなことなんだ」と伝われば、分かってくれることも多く、早めに手を打てば、いじめになる前に大人の介入で解決できます。

でも、「誰とでも仲良く」できることがすごくいいことだと思い込んだままだと、誰からも嫌われないよう自分にイヤなことをする子にまで気を遣って好かれようとしたり、傷つけないように努力します。すると、いじめをする子にとって、自分を傷つけたり、大人に話されるリスクの少ない子として、狙われやすくなるように思います。だから、「誰とでも仲良くしなくていい」と、優しい次男には教えています。

イヤだと思う子とは仲良くしなくていいし、嫌われたとしても、それが本当に大切な友人でなければ、無理に気持ちをつなぎとめるよう努力する必要もありません。

友だちの一人や二人から嫌われてもへっちゃらなくらい、堂々と自分の気持ちに正直にふるまえるようになるためには、家で「大好きだよ」と、愛情を言葉でも態度でも伝え続けていくことが、親にできることだと思っています。

61

いつもと様子が違う……↓早めの対応でいじめの芽を摘む！

発達障害のある子やグレーゾーンの子は、いじめに遭うリスクが高いということを、私は親としてまず肝に銘じています。集団の中で目立つ行動をとったり、逆におとなし過ぎたり、コミュニケーション面での難しさや行き違いが多いためですが、これは本人の体質的な個性によるものであり、間違っても「いじめられる原因があなたにもある」などと親や先生が責めてしまうと、子どもは自分の存在そのものを否定されたように受け取り、心を閉ざしかねないので、これだけは避けます。

また、いじめの被害者になるリスクだけでなく、周囲の無理解や過剰な注意・叱責などが続き、著しく自己肯定感を損なった場合や知識の不足などで、我が子が加害者側になる可能性もあることからも目を背《そむ》けずに、親にできることをしていきます。

いじめの予防や発見に親ができる最も有効なことは、日頃から子どもの話を否定せずに、聴いてあげることだと思っています。「イヤなヤツがいるんだ」と言う時も、まずは「そうなんだね」「イヤなんだね」と、共感してあげます。こうして、いつでも子どもが、なんでも話しやすいようにしておきます。子どもから話し出さなくても、気になる様子があれば「最近元気ないけど、何か心配なことでもあるの？」などと水を向けると、いろいろと話し始めることもあります。

それでも、うまく言葉にできない場合や、親に遠慮してしまう子もいるので、同時に子どもの様子をよく観察し、ささいな変化を見逃さないようにします。

発達障害があると、もともとの特性と見分けがつきにくいかもしれませんが、いつもにも増して、不注意性が高まったり、集中力が落ちたり、こだわりが強まったり、無気力な様子や突然キレる、といった行動面の変化。眠れない、朝起きてこない、食欲がない、頭痛や腹痛をよく訴える、見慣れないアザやケガが増える、といった身体面の変化。衣服やランドセルの汚れ、なくしものが増える、持ちものが壊れる、小遣いがすぐになくなる、といった物理的な変化などが目安になると思いますが、とにかく何かあった時に「様子がおかしい」と、親が直感ですぐに気づけるように、安定している時もそうでない時も、子どもの様子をよく観ておきます。そして、心配な様子があれば、親が登下校に付き添う、送り迎えする、などもいいと思います。

ただし、高学年になってくると、親がぴったりと付き添っていると、それがからかいの要因になることもあるので、少し離れて歩いたり、トラブルの起きやすい場所だけ見守るなど、本人の希望に沿って配慮したほうがいいかもしれません。

一学期末と夏休み明け～運動会の前後、学年末などはうちの子も他のお子さん達も疲れていたり、気持ちが緩みやすく、トラブルが増える傾向があるので、私は予定を少なめにスタンバイし、気になる様子があれば、車で送り迎えしたり、犬の散歩のフリをして通学路の途中まで出迎えて「見守り活動」をしています。

できたら、そこで「〇〇君、おかえり」「〇〇さん、大きくなったね」など、他のお子さんにも名前を呼んで声をかけ、子ども達に関心があることをさり気なく伝え、大人から「見守られている」ことを印象づけておくといいと思います。

支援級のお友だちのお母さん達は、毎日お子さんに付き添って登下校する方もいて、何か気になる様子があれば教えてくれたり、子どもに声をかけて下さったりするのでとても助かります。連絡先を交換して、親同士が連携できると安心です。

そして、何か気になる様子があった時には、学校側に「事実」を報告しておきます。子どもが相手の名前を言いたがらない場合でも、まずは「最近、朝腹痛を訴えることが続いています」など、自分の子の側の変化だけでも連絡帳などに「書いて」記録に残る形で伝えておきます。ひとつひとつのトラブルは、取るに足らないような「子どもにはよくあること」であっても、それが、長期間にわたって繰り返し続いたり、複数の子達からとなると、本人の負担が蓄積してゆき、ガマンの限界を超えて「いじめ」になってしまうこともあります。早い段階からノート等に経過を記録し、長引いたり心身の変化があれば学校側にも報告しておくことが大事です。

先述の「いじめ地図」の上で、トラブルが起きることの多い場所を写真に撮ってプリントし、先生に渡して情報を共有しておくのもいいと思います。

明らかな暴力などでなければ、いじめは目に見えないことが多く、空気を読むのが苦手な子や、人にそれを言葉でうまく伝えられない子の場合はなおさらです。ささいなことでも記録し、周囲と共有し、「見える化」してゆく必要があります。

そして、日頃から、親が子どもの話を聴きながらよく観察し、早め早めに対応することで、いじめの芽をできるだけ摘んでおくことができます。

62

もしも、いじめに遭ったら……
学校なんて行かなくていいからね

万が一、もしも我が子がいじめに遭った時には、「情報をオープンにする」ことが大事だと思います。担任の先生や特別支援コーディネーター、スクールカウンセラー、校長先生、外部の機関などに相談し、周囲ときちんと連携している姿勢を見せます。いじめをする子は、すべてが明るみになるのを嫌がるものだと思います。

子ども自身も、相手に囲い込まれない、大人に頼る、逃げる、離れる、学校を休む、一人にならない、などができるように、親が全力でサポートし、守ります。もし、本人が「親や先生に言うと、余計にいじめられる」ことが心配な場合でも、とにかく一人で抱え込まないようにしてほしいので、うちでは、電話機の横の壁に、いじめや子どもの悩み相談窓口のカードや電話番号リストを貼って、教えてあります。

また、大きくなれば、親には言いづらい悩みも出てくると思うので、うちの子には「もし、かあちゃんに話しにくい悩みがあれば、スクールカウンセラーの○○先生にも、相談できるからね」と伝えてあり、先日、先生と長男の顔合わせもしました。

災害時の避難所と同じで、日頃から「そこに逃げ込める場所があること」を、事前確認しておくのです。テレビでいじめによる自殺などの悲しいニュースを見るたびに、子ども達には「かあちゃんは、学校にはできれば行ってほしいけど、それはキミ達の命より大事なことじゃない。もしも、本当に、死にたいほどつらくなったら、学校なんて行かなくていいからね。そんな時は、逃げていいんだよ」と伝えています。

でも、できればもう、私はこんなニュースは見たくありません。どんな子であれ、「皆と違うこと」は、その子をいじめていい理由にはなりません。自分にどんな理由があったとしても、誰かをいじめていい理由にもなりません。

いじめがきっかけで、若い命が失われたり、その子の心に大きな傷が残るのはもちろん、その家族の人生まで、大きく歯車が狂ってしまうこともあるんです。

今、いじめに苦しんでいるお子さん、そして過去のいじめに苦しんでいる方には、「今、手の中にあるもの」を数えて、大切に大切に生きてほしいと祈っています。

5 章

学校との連携と合理的配慮編

63

先生に配慮をお願いしたい

配慮の前に信頼関係を作る

2016年4月に施行された、通称「障害者差別解消法」によって、障害のある子・方は、学校や就労先に「合理的配慮」を、堂々と求めていけるようになりました（*1）が、それ以前より、うちでは数多くの「合理的配慮」を学校側に自然な流れでお願いし、たいていの場合「いいですよ」と理解を得られてきました。

それには、日頃からやっている3つのことが、結構大事なのです。

1　まずは、子ども本人と親が「できる範囲で、できること」をやる

長男は1年生の頃、色鉛筆で漢字書き取りの下書き（前著参照）をすると、宿題に取り組め、担任の先生も同じように、下書きサポートをしてくれるようになりました。ところが3年生の頃から字が思い出せず、ノートや連絡帳を書かなくなりました。でも担任の先生は、宿題の漢字ノートで長男のがんばりと私のサポートをよくご存じだったので、「それでもできない＝努力では乗り越えられない壁がある」ことがはっきりと伝わり、「ひらがな表」等のカード集（前著参照）を持ち込み、長男が参照しながらできるようお願いした時も理解を得ることができました。

2 子どものポジティブな情報は「セット」で伝える

学校との連携は、通常学級・支援級の先生に「サポートブック」（前著参照）を作って渡す、連絡帳や電話でのやりとり、面談の機会を作っていただく、などで続けてきました。その際、ポジティブな情報、つまり、長男のいいところやできているところ、がんばれているところも、困りと「セット」で伝えるように心がけています。

「こんなに困っているんです」「あれもこれもできません」というネガティブな情報のみを伝えてしまうと、「大変そうな子だな」「自分が対応するのは無理かもしれない」なんて、先生の不安感を強めてしまう可能性もあります。

ここまではできること：「○○まではできるのですが、××が難しいようです」等

本人なりのがんばり：「運動会、参加できただけでもがんばれたと思います」等

具体的ないいところ：「家では、時々私の荷物を持ってくれます」等

（＊1）障害のある子・方に、行政機関や事業者が、過度な負担にならない範囲で、生活や就労・就学などをしやすく配慮すること（例：車いすの方へのスロープの設置など）。対象となる「障害者」には、障害者手帳や療育手帳の有無は問わない。「合理的配慮」を行うことは、行政機関は法的義務、民間事業者は努力義務となる。

も同時に伝えると、先生も、子どものがんばりや長所に、気づきやすいです。

3　日頃から「感謝」を伝える

そして、一番大事なのが、先生に日頃から「感謝」を伝えることです。私はいつも、担任の先生と顔を合わせたり、連絡帳に何か書くたびに、「ありがとうございます」と伝え、何かあれば「お手数をおかけし、すみません」と頭を下げています。そして、小さなことでもよい情報は必ず次のようにフィードバックします。

一見当たり前のようなこと：「おかげさまで、最近は渋らずに登校しています」等

小さな進歩：「丁寧なご指導のおかげで、筆算に自信がついてきたようです」等

子どものよい反応：「先生に習字をほめられて、とても嬉しかったようです」等

先生だって人の子ですから、日頃のがんばりを感謝されて悪い気はしません。フィードバックを返すには、先生のいいところやがんばれているところを、一見当たり前のように思えることでも、そこに気づき、認める目が必要なのです。

こうしていると、だんだんと先生の子どもへの目線が温かくなってくるので、多少のことは大目に見てもらえたり、配慮のお願いも好意的に理解していただきやすくなったりします。お母さんの持っている力は、すごいんです。

64 皆になんとかついていけるけど……努力で乗り越えられてしまう壁

次男は、以前兄と一緒に診てもらった専門病院では、「自閉症の範疇《はんちゅう》にあると思われる」と、あいまいな見解をいただいた「グレーゾーン」の子です。

真面目で控えめで、目立ったトラブルもなく、授業にもほどほどについていけ、先生に言われたことや学校のルールは守れ、友だちとも穏やかに遊べる、一見「何の問題もない子」です。

ですが、感覚の過敏性があり、疲れやすい体質で、知能検査でも、兄ほどではなくとも、得意なことと苦手なことの明確な段差があります。そして、時々疲れを溜めてはなんとなく学校を休みたがったり、朝、腹痛を訴えてトイレからなかなか出てこない、なんてこともあります。これは「がんばり過ぎ」が原因だと私は思っています。

「努力では乗り越えられない壁」ほどではなくとも、次男には「努力でギリギリ乗り越えられてしまう壁」があり、結構な凸凹道を毎日がんばりながら歩いています。

たとえば、授業中に出された課題が終わらない時は、長男は書かずに白紙で持って帰るのに、次男は休み時間を休まずに続け、なんとか終わらせようとしてしまう。

友だちとトラブルがあれば、長男は言葉や手が出て、周囲が調整に入り解決できることが多いのに対して、次男は言えずに黙っていて、一人でガマンしてしまう。

嫌なことがあれば、長男は断固拒否したり、話し合い、妥協もできるけど、次男は何も言わずに、誰も責めずに、お腹をこわしたり、食欲をなくしたりする……と、いじらしいほど真面目で、優しくて、がんばりやの子なんです。

だから私は、次男にも、周囲の理解と支援がほんの少しだけ必要だと思っています。次男は、通常学級で充分やっていけると思いますが、目立つことや皆と違うことを嫌がるので、「さり気ない支援、さり気ない配慮」を学校にはお願いしています。

そして、なるべく家では休めるようにケアし、当たり前のがんばりを認めてあげる……こんなことでがんばり過ぎのグレーゾーンの子の負担を減らすことができます。

何より、お母さんが分かってくれているだけでも、違うのだと思います。

65 診断はないけれど分かってほしい
グレーゾーンにはさり気ない配慮

次男のように、明確な診断のないグレーゾーンの子も、ほんの少しの周囲の理解と「さり気ない配慮」で、学校・園がずいぶん楽になる場合も多いと思います。私がやってきた、学校や園の先生に「さり気ない配慮」をお願いするコツです。

まずは、親が子どもの話を否定せずにじっくり聴き、家でできることをやってみて、それでも乗り切れない場合には、担任の先生に連絡帳や口頭で「さり気ない配慮」をお願いしています。その時のポイントは、

- **感覚の過敏性や、苦手な作業や行動の「具体的な事実」の例**
- **子ども本人の気持ちや意欲と、「ここまではできる」こと**
- **具体的な「家では◯◯するとできる」という対応例や声かけで、先生が手軽にでき**

そうなこと

を「ご配慮いただけると助かります」「お手数おかけしますが、よろしくお願いいたします」と、丁寧にお願いしながら伝えています。

感覚の過敏性や、不器用さからくる作業の困難さ、本人の気持ちなどは、他の人には想像しにくく、言わなければ伝わらないことも多いのです。

実例を挙げます。幼稚園の頃、砂や、のり、絵の具が触れなかった次男。ある日、登園を嫌がるので理由を聞くと、その日の「フィンガーペインティング」という、のりに絵の具を混ぜ、指につけて直接紙に描く課題を、とても不安に思っているようでした。そこで、登園して次男を預ける際に、担任の先生に直接こうお話ししました。

【伝え方の例】

「おはようございます。お忙しい所すみませんが、ちょっとだけお話よろしいでしょうか。◯次郎が今朝、『行きたくない』と言うので、理由を聞くと、工作はとても好きなのですが、のりと絵の具を触るのが苦手で、今日のフィンガーペインティングが心配なようです。◯次郎は、触るのが苦手なものがいくつかあって、のりや絵の具は、筆などの道具を使えば大丈夫なんですが、もし参加が難しければ、見学などのご配慮をお願いできないでしょうか？」

するると、先生は本人に「先生知らなかったよ。無理しなくてもいいよ。でも、もし、できそうだったら筆でもいいから挑戦してみようか？」とおっしゃってくださり、次男は少しほっとして教室に入れました。そして、あとで迎えに行くと、先生が「お母さん！　今日○次郎君、すごくがんばれましたよ！」と、次男が指一本だけ、絵の具入りののりに触れたことをご報告くださいました（おそらく先生に何も伝えなければ、それを本人が「すごくがんばってできたこと」とは気づかれなかったことでしょう）。

その後も、工作でのりを使う時は、先生が少し手伝ってくれ、さり気ない気遣いのおかげで卒園の頃には、次男はのりと絵の具が大丈夫になり、大好きな工作を「ぜんぶ自分でできた！」と、嬉しそうに見せてくれました（8ページ㉑）。

小学校にあがってからも、時々担任の先生に「さり気ない配慮」をお願いしていますす。皆が「できて当たり前」のことを、本当にがんばりながらやっていること、そのほんのちょっとの理解と「さり気ない配慮」があれば、グレーゾーンの子の負担を減らしながら、だんだんと新しいことにも挑戦できたりするるんです。

1 親子あそび編
2 生きる力・考える力編
3 ソーシャルスキル編
4 友だち関係といじめ対策編
5 学校との連携編
6 こだわり・かんしゃく編
7 セルフコントロール編
8 人づき合いの処世術編

66

「サポートブック」を渡すほどでもないんだけど……

「サポートシート」で連携する

グレーゾーンの子などにほんの少しだけ、理解や配慮をお願いしたい場合、先生に簡易的な「サポートシート」を渡すとよいかもしれません（187ページ）。

私は、次男のことで担任の先生と面談した際、ワープロソフトで作りました。先生と自分用に2枚用意し、手元に置いて話を進めると、要点をおさえた面談ができます。

- **特徴と困っていること**
- **負担を減らすためのお願い**
- **家庭でやっていること**

などを箇条書きで一枚にまとめると、分かりやすいと思います。

また、新学年などで新しい担任の先生に、最初から子どものことを相談する際は、

○○君サポート・シート (sample)

【特徴と本人が困っていること】

・感覚の過敏性があります（聴覚、触覚)。緊張しやすく疲れやすい体質です。

・性格は真面目で優しく、困っていることやイヤなことがあっても、言えずにガマンしていることがあります。

・「友だちの顔と名前を覚えにくい」のが不安なようです。

・不安や緊張が続くと、お腹をこわしやすく、疲れを溜めて学校を休みたがることもあります。

【負担を減らすためのお願い】

・授業時間内に課題が終わらない時も、休み時間はなるべく休み、家でやるように声をかけて頂けると助かります。

・時折、「何か困っていることない？」「分からないことある？」など、声をかけて頂けると、不安なことを話しやすくなると思います。

・できれば、クラスの写真に名前を書いたものなどを、教室内に掲示して頂けると助かります。

・一度に沢山の複雑な指示が必要な時は、短い言葉でその都度教えて頂くか、黒板にリストや手順を箇条書きなどにして頂けると動きやすくなります。

【家庭でのフォロー】

・宿題に時間がかかり過ぎてしまう場合には、母に下書きや穴埋め式のヒントを書かせて下さい。難しいものは、プリントを拡大コピーしたり、複数回に分けて提出させて下さい。

・朝腹痛を訴える時は、車で送り、体力面の負担を減らしたいと思います（遅れる場合、ご連絡します)。

・イヤなことを言えたら、「言えたね」とほめています。

・なるべく疲れを溜めないように、家では静かな環境で好きなことをしてリラックスし、感覚を休めるようにしています。

・**知能検査の結果など**（あれば）

・**今までの成績表のコピー**（先生も把握できますが、用意したほうがスムーズ）

・**学習面の不安がある場合、ノートやテストなど**

など、一緒に「証拠」を持って行くと、説得力があります。口頭では、今までの経過や、シャイな次男はみんなと違うことや、特別扱いを嫌がる傾向があることなどもお話しし、担任の先生は教室内に名前入りの集合写真の掲示や、黒板に箇条書きなどを「他にも同じようなお子さんもいるので、◯次郎君に分かりやすい方法は、クラス全体でやってみますね」と、柔軟に考えて下さいました。

紙一枚にまとめると、子どもが慣れてサポートが必要なくなった頃には、テキトーになくなって、ほどほどに情報を引き継がれずに「皆と同じように扱われる」メリットもあります（「サポートブック」などをすでに渡している場合も、お子さんの様子をみて「もう大丈夫」と思ったら、返却していただくのがいいと思います）。

次男に、先生が教室に写真を貼ってくれることを話したら、ほっとした笑顔を見せてくれました。「特別な支援」までは必要ない子でも、学校や担任の先生と連携して、理解や配慮を得てゆくことができます。

67

先生に発達障害がうまく説明できない

検査結果を資料として活用する

学校と連携していく時に、各種の検査の結果は、客観的で説得力のある資料となるため、先述のとおり、私はいつも面談などの際に、コピーを持参していきます。

うちでは今まで、WISC－Ⅳ、田中ビネー式といった知能検査と、視機能検査を受けていますが、ただ検査結果を渡しただけでは、先生が検査結果の「読み方」を知らなければ、その後の支援に充分に活かすことは難しいと思います。

たとえば、健康診断で血液検査の結果を貰っただけでは、素人には何のことやら分かりませんが、お医者さんから「ここの数値が高いから、こんな食事に気をつけましょうね」という助言があって、初めて活かすことができるのと同じです。

知能検査は、医療機関や児童発達支援センター、民間支援機関などで受けられます

（医療機関の場合、保険内診療になることがあります）。長男は知能検査のWISC－Ⅳを数年ごとに受け、経年での変化も観ています。次男が幼児の頃は、WISC－Ⅳは難しかったので、遊びの延長のような感覚でできる田中ビネー式知能検査でした。また、長男の学習面での困りを「視機能」という点から調べてもらうため、オプトメトリスト（視能訓練士）が行う視機能検査も受けました。これらの結果は、改めて私が1〜2週間後に検査機関に報告を聞きに出向くことが多かったです。

ここで大事なのは「具体的な助言のある報告書」をいただくことです。不安があれば検査を受ける前に、報告書も作っていただけるのか、確認しておくとよいと思います。報告書をいただけなかった場合も、検査結果を聞く時の、医師や臨床心理士の解説や助言をメモしたり、後日、大学の心理相談室などの別の機関の臨床心理士さんに見せて、詳しい助言をいただき、要点を自分でまとめて、学校に検査結果と一緒に提出しています。すると、親の思い込みなどと受け取られずにすみますし、数値やグラフで明確な発達の凸凹の差を明示し、「お医者さんがこういう特徴があると言ってました」「臨床心理士さんがこうしたらよいと言ってました」と伝えれば、学校側も動いてくれやすくなります。

68 皆と一緒にできない、取り組めない「ちょっとした持ち込み」のコツ

うちでは、今まで、担任の先生の「いいですよ」の一言でできるグッズの数々の持ち込みをお願いしてきました。通常学級・支援級どちらの先生も、こちらで用意した、さほど負担にならないものなら、たいていは快くOKして下さっています。

コツ1：家でよく話を聴く

ある時、長男が「皆と一緒に掃除をやろうとしなかった」というご報告を、担任の先生からいただきました。一見協調性のない行動のように思えますが、本人の話をまずは否定せずに「掃除の時間の何が嫌なの？」「水拭き！」「そうかあ、水拭きのどこが嫌なの？」という感じで、詳しく聴きました。「何が気になっているのか（困っているのか）」問題を絞ると、合理的な解決策に辿り着きやすくなります。

すると、雪の翌日、肌が過敏な長男は、雑巾を絞る時「水が刺すように痛くて死ぬかと思った。掃除自体が嫌でさぼってたんじゃない。普通の水温の時や、水拭き以外の係ならできる」とのこと。つまり、冷たい水を触らなければ掃除はできるので、一緒に対策を考え、「ゴム手袋」の持ち込みをお願いすると、「掃除に参加し、とても丁寧に雑巾で拭けています」と、後日先生から報告がありました。

コツ2：使い慣れてから持ち込む

工夫された道具でも、先生が使い方を教える必要があると負担に思われたり、本人も使いこなせなかったりする場合もあります。家で使い慣れてから「家では、◯◯を使うとできます」とお願いしています。何事も、実績作りが大事です。

改造分度器（前著参照）もまずは家で宿題の時に使い、「これならできる！」という自信を持たせ、先生に「宿題が落ち着いて取り組めたので、学校でも使わせていただけると助かります」とお願いしました。いったんハードルを下げて繰り返し使うと、本人も次第に慣れ、やがて普通の分度器でも大丈夫になりました。

コツ3：客観的な理由と、「こうすればできる」という実績を伝える

4年生の冬、バランスクッションの持ち込みを連絡帳でお願いした場合です。

【伝え方の例】

「最近、授業中モゾモゾしてしまうとのこと、お手数おかけしすみません。本人の話を聴くと、肌が敏感で、冬の乾燥やイスの硬さで、悪気はないのですが、かゆくて気になってしまうようです。どうしたら気にならないか聴くと、『トゲトゲを触ると大丈夫かも』と言います。○太郎は、刺激があるほうが集中しやすく、家で宿題の時には、トゲ付きのバランスクッションに座ると、少し落ち着いて取り組めるのですが、学校にも試しに持ち込ませていただいてもよろしいでしょうか」

そして実際に、学校でも落ち着いて座っていられたので、学級での使用の許可を得ることができました。現在の支援級の先生には「昨年、通常学級で使っていて、落ち着いて座れた」という次の実績を、口頭での簡単なやりとりで伝えました。

こうして、「こんなことが苦手ですが、こうすればできます」という、客観的な理由と説得力のある対応例を伝えると、許可を得やすくなると思います。

子どもが、ちょっとした工夫で皆と一緒にできるのなら、それは先生にとっても助かることなのです。ほんのちょっとの工夫で、皆と一緒にできる、取り組める、ということは本当にたくさんあります。

69

LDや集団で学ぶことに困難さがある

↓

iPadは未来を拓く鍵！

長男は4年生まで、通常学級で本当にがんばってきました。それでもどうしても、発達の凸凹差が大き過ぎて「努力では乗り越えられない壁」があります。

そんな時でも、iPadやパソコン等のICT機器一つで、LDのある子や集団で学ぶことに困難さがある子の「可能性の扉」が開いていきます。

字を書くのが苦手（書字障害）、単純な暗記が苦手、集中力の偏りなどの理由で、長男の成績表は、見事に「がんばりましょう」のC評価がズラリと並んでいますが、そんな彼にパソコンを与えると、あっという間に使いこなせるようになりました。当時の長男は、高学年になり急に学習ハードルが上がったため、授業中ノートも取らず、テストも白紙回答。勉強への興味と意欲を失い始めていました。

ATという言葉があります。「Assistive Technology（支援技術）」の略です。つまり、視力の弱い人のメガネ、お年寄りの補聴器と同様、身体機能の弱い部分を補うテクノロジー全般のことです。私は、集団での学習に必要な書字・記憶・集中への長男の「苦手さを補うAT」にiPadを使えないかと考えました。たとえば、

・板書を写すのが大変な時にカメラ機能で黒板を写真に撮る

・習った漢字が思い出せない時に電子辞書アプリで調べて書く、などです。

そして現在、発達障害のあるお子さんがパソコンを持ち込んで高校、大学の受験をするなど、一部の導入事例も少しずつ増えてきています。

でも、受験直前になってお願いしても、学校側も、本人も戸惑ってしまいます。今のうちから、ゲームだけでなく、自分の手足や脳の延長のように、iPadやパソコンを集団教育の中での「実戦」で使い慣れておきたいと思ったのです。

先述のとおり、うちでは今まで様々な取り組みをし、配慮をお願いしてきました。漢字が思い出せず「かな・漢字サポートカード」（前著参照）を持ち込み、落ち着いて学習に取り組めるようになった長男。でも、学年が上がると漢字も増えて、アナログのカードで何学年も前の漢字を探すのは、時間がかかってしまいます。

板書の負担を減らすため、教科書を拡大コピー、切り貼りした「教科書ノート」で、計算は書けました。でも、授業は必ずしも教科書どおりに進むわけでもなく、授業スピードについていけず、ボーッと無為に過ごしてしまうことも増えてきました。

ｉＰａｄは一つの道具に過ぎないので長男の課題のすべてを解決してくれるわけではありませんが、学習の負担が減り学校の勉強に興味や意欲が持てるかもしれません。そしていつか、もしも、彼が、専門の教育を受けて学びたいと思った時に、テストに字を書けないことくらいで、未来の扉が開かない、自分にあらゆる可能性があることにすら気づかない……そんなの、私は親としてあまりにも悔しいのです。

周りとの違いに気づき始めた長男が、「なんでこんな簡単なこともできないんだ！オレのバカヤロー！」と自分自身に苛立ち、自分の頭をボカボカ叩く姿に、「こうすればできるよ」と希望を持たせたいのです。

ダメ元でいいからお願いしてみよう、と思い、長男に「ｉＰａｄを学校に持って行くと、こんな使い方ができるかもしれないけど、やってみたい？」と提案すると、即答で「うん！」と目をキラキラさせて答えてくれたので、そこから私は、ｉＰａｄ持ち込みの実現に向けて動き出しました。

70 iPadの持ち込みを交渉したい

交渉は実績・実例で説得力がでる

iPad持ち込みのための準備が整い、いざ交渉となりましたが、息子が通っているのは地方の公立小学校です。前例のないことなので、私は担任の先生やスクールカウンセラーの先生を通じ、学校の取り組み状況を事前に何度かうかがってみました。すると、最初は「そういうのは自治体全体で足並みを揃えないと……」という回答でしたが、繰り返し聞くうちに、特別支援コーディネーターの先生も、学校全体でICTを取り入れている事例などを調べて下さいました。また、時々教室での長男の様子も見に行き、気にして下さるようになりました。そして、いよいよアポイントを取って、交渉です(＊Ⅰ)。私は、資料として次のものを用意していきました。

・検査結果のコピーと、専門家の意見のまとめ（知能検査、視機能検査など）

・今までの長男の成績表、ノート、テスト
・iPadの先行導入事例などのプリント（うちの子に近い事例にふせん、マーカー）
・手持ちのデジカメ、スマホ（可能な範囲で使いたいアプリを入れておく）

管理職の先生は、普段の子どもの様子や特性などを詳しく把握していない場合もあるので、イチから説明するつもりで準備するほうがいいと思います（うちの先生は、長男の日頃の様子を見て下さっていて、話が早かったです）。

そして検査結果の「証拠」を見せ、下書きや教科書を切り貼りしたノートで「努力」を見せ、それでもテストや成績には活かされない「現実」を見せ、手持ちのスマホとデジカメで、実際に先生の目の前で「実例」を見せました。

実物で「なるほど！」と、先生にもiPadの必要性を充分理解していただけました。また、あらかじめ想定される次の問題に対しては、対応策も用意しました。

・学校のLAN開放の危機管理上の問題→オフラインで使える機能で充分
・高価な機器の取り扱い→保護フィルムと破損防止のカバーケースをこちらで用意
・使い方を教える教員がいない→家であらかじめ練習し、使い慣れてから持って行く
・他のお子さん達への説明→カードとiPadのロック画面に説明書きを用意

（＊１）長男は現在、本人希望により（後述）特別支援学級に転籍していますが、学校とのiPadの交渉は通常学級での使用を前提にした上で、許可を得ています。

それ以外の不安要素や学校側の事情にも耳を傾け、ひとつひとつクリアにし、お互いに妥協しながら解決してゆくことができます。

また、実物があると説得力ある交渉ができますが、手元にちょうどよいものがない場合や一度お子さんが試験的にiPadを使ってみたい場合には、Facebookでご縁のあった高松崇さんが理事長を務める、NPO法人ATDS（＊2）などで、必要なアプリを揃えたiPadの体験貸し出しを行っているそうですし、学校の倉庫の奥に数台眠っている可能性もあるので、問い合わせてみるとよいと思います。

そして後日、校長先生から「なんでも一度、やってみたらいいんじゃないのかな？」という柔軟なお返事で、iPad持ち込みの許可を得ることができました。

実は、私が思っていたよりもすんなりと許可が下り、内心驚きましたが、管理職の先生方も日頃から温かい目で長男を見守って下さっていたことが、うちの小学校では前例のなかったお願いに対する理解につながったように思っています。

とはいえ、まだまだ学校によっては、理解を得ることがそんなに簡単ではない場合もあると思います。その学校で最初に切り拓く親子は大変だと思いますが、使う子が増えるほど導入時や、周囲の理解のハードルは下がります。

（＊2）iPadの体験貸し出しは、NPO法人支援機器普及促進協会（ATDS）HPからご申請下さい。

71

iPadを学校でどうやって使うの？

学習補助としてのiPadの活用例

現在、長男は毎日iPadを持って登校しています（8ページ㉒）。

今現在も試行錯誤の過程ですが、支援級では長男に合わせたペースで、漢字が出てこない時には何学年も前の漢字を電子辞書アプリ（物書堂『例解学習国語辞典』等）で調べながら、プリントに取り組んでいます。漢字が出てこなくても、iPadで調べれば分かる、という安心感から、落ち着いて取り組めているようです。

家でも宿題の後、無理のない範囲で、タブレット型の通信教育（Benesse「進研ゼミ＋小学講座　ハイブリッドスタイル」）で、交流級で受ける授業の予習・復習をしています。動画でタッチしながら自分のペースでできるので、集中しやすく、内容もよく理解できるようです。

また、iPadと無線接続できるキーボード（ロジクール「Bluetooth マルチデバイス キーボード」）を使って、作文やレポートなどを原稿用紙にタイピングし、プリントアウトして提出しています。書字の負担が減り、内容に集中できるので、作文も投げ出さなくなりました。「こうすればできる」ことが増えて、最近長男は学習に意欲的です。

ある時、私は長男とこんな会話をしました。

母「今、日本には◯太郎と同じように字を書くのが苦手だったり、集中するのが苦手だったりで、学校の成績が悪くて『勉強ができない』と思われている子がたくさんいるんだよね。でも、そういう子もiPadやパソコンを使えば、勉強が好きになるかもしれないし、受験だってできるかもしれないよね」

長男「じゃあさ、今ガッコーとかベンキョーがキライなヤツがさ、iPadとかパソコン使ってさ、大きくなってダイガクに行ってさ、病気のケンキューとかしてさ、ワクチンを発明したりしてさ、たくさんの人の命を救うかもしれないね！」

どんな子にも、どんな可能性だってあるんです。同時代を生きる、長男と似たようなお子さん達の可能性が広がるよう、心から祈っています。

72

集団での生活・学習スタイルが合わない

特別な支援の選択肢

集団教育の一律な学習スタイルが合わない、1クラス30人以上の集団での学校生活の負担が大きい等の場合、本人に合った環境であれば、学校に適応できる可能性もあります。うちの長男と似たようなお子さんの選択肢として考えられるのは、

【通級指導教室（通級）】

通常学級に在籍しながら、一方で、週に1回程度、設置校で行われる少人数の指導に通うこと。生活面やソーシャルスキルの練習や、苦手教科のフォローなど。ただし、在籍校で通級の設置がない場合、実施日に設置校まで保護者が送迎する必要があったり、希望者が多くすぐには通級指導を受けられない、という状況もあります。

うちの長男の場合も、自治体の設置校が限られるため通級の希望者が多く、長期間の待機状態になってしまうため、申請を見合わせている現状があります。

【取り出し個別指導】

学校裁量による「取り出し個別指導」は、その学校独自の判断で行うもので、必ずしも実施しているとは限りませんが、そういった考え方を取り入れている学校も増えてきているようです。通常学級に在籍し、決まった教科・時間だけ校内の空き教室などの別室で空き時間のある先生や管理職の先生などが担当します。長男は、週一でマンツーマンでの学習のフォローや、習字や作文などの課題を個別に丁寧に見ていただけました。実施の有無は、学校に問い合わせてみないと分からない場合もあります。

【加配などによるサポート】

加配・補助教員・支援員・介助員・民間のボランティアなどが、通常のクラスの中で、授業に集中しにくい子に声かけしたり、LDのある子に代読や代筆をしたりするなどのサポートもあります（ただし、学習指導ができるのは教員免許保持者のみ）。自治体によって、手厚い人員が確保できる場合と、そうでない場合があります。長男は低学年の頃、各クラスを巡回している補助の先生によくお世話になっていました。次男も時折声をかけていただいていたようです。うちの補助の先生方はいつも走り回っていて、大忙しです。

【特別支援学級（支援級）】

支援級の定員は1クラス8名が上限のため、少人数での指導を受けられます。学区の学校に設置されていない場合は、近隣の設置校に通学することになります。その子に合わせたペースでの学習、生活・ソーシャルスキルのトレーニング、身体的な介助やケアなど（長男の場合の具体的な内容は次項）。また、交流学級・協力学級などという形で、通常学級でも一部の教科や活動に参加し、通常学級への転籍・復籍を目標にしている場合、交流学級で過ごす時間を次第に増やし、慣らしていくことが多いようです。

【相談窓口】

支援級や通級を検討する場合、就学前は自治体の教育委員会などを通して、就学相談を申し込んで希望を伝え、面談や判定会議を経て、在籍する学校・学級が決定されます。また、うちのように入学後に発達障害に気づいた場合の相談窓口となるのは、各校に必ず1名配置されている「特別支援コーディネーター」の先生です。まずは、この先生にアポイントを取って、相談してみるのがよいと思います。

73 支援級って実際どんなところ？

うちの長男の支援級では……

長男は5年生のときに自分の意思で校内にある特別支援学級（以下、支援級）に転籍しました。「取り出し個別指導」で「人が少なければ集中できる！」自信が持てたのと、だんだんと周りのお子さん達との違いに気づき始めたからのようです。

転籍する前に何度も長男自身で見学・体験させていただき、私も詳しくお話をうかがって、親子で納得の上で飛び込んでみました。**支援級は、先生や他のお子さん達との関係によって、雰囲気や学習内容も大きく違いますので、入級をお考えの場合は、実際に親子で何度もよく見せていただくのがよいと思います**（＊１）。

うちの学校の支援級は２クラスあり、身体・知的に障害のあるお子さんのクラスと、主に発達障害の傾向のあるお子さんの多い情緒クラスに分かれています。そして

（＊１）いつ頃までに転籍の希望を出せば翌年度のクラス編成に対応できるのかは、学校ごとで違いますので、事前にご確認下さい。

「交流級」という通常学級の5年◯組の名簿にも長男の名前があり、算数・国語の授業は支援級で受け、それ以外の授業や一部の活動（委員の活動、社会科見学や運動会など）は、今までどおり5年生の皆と一緒など、調整しながら参加しました。

授業内容は、うちの場合、それぞれのお子さんに合わせた進度でのプリント学習です。算数は、何学年も前の内容でもつまずいているところまで戻ってじっくりと長男のペースで進めてゆき、苦手だった九九や筆算もできるようになりました。

国語は、概《おおむ》ね教科書の内容は理解できるものの、先述のようにiPadを使いながら漢字学習を進め、2学期後半から交流級での授業にも参加しています。毎日プリント学習に取り組み、「字を書くこと」自体への抵抗感が減って、最近は交流級で黒板の板書も写せるようになりました。

先生も多く、担任の先生と補助の先生、複数の介助員さん等、チームで手厚く見守りながらの指導で、連絡帳も一人一人チェックして下さり、忘れ物や連絡ミスも減って助かっています。私は、支援級は長男にとってプラスになったと思っています。

今まで通常学級では、クラスのお子さん達は温かく長男に接してくれていたのですが、本人は精神面でも凸凹差が大きく、同学年のお子さん達とはあまり話が合わないようでもありました。そんな長男が、情緒クラスでは一番年上ということもあり、他のお子さん達をまとめる役割を与えられ、学校に「居場所」ができたようです。

支援級は、同じように特別な支援を必要とするお子さん達の学級になるため、少人数とはいえ必ずしも常にクラス全体が落ち着いているとも限りません。でも、年齢も個性も多様な子ども達の集まりであることで、長男も気が楽なようです。

また、支援級は、特別支援教育の経験が豊富な先生が担任するとは限りません。うちも、長年通常級でやってきたベテランの先生が今年度から初の支援級です。それでも、先生は「お母さん方のほうが、詳しいでしょうから……」と、一人一人保護者の話に耳を傾け、根気強く子ども達につき合って下さり、頭の下がる思いです。先生は長男が初めてクロールで泳げた時、まるで我が孫のことように喜んで下さいました。

何より「居場所」ができて、長男は学校が楽しくなったようです。落ち着いて取り組めることが増え、勉強にも自信がついて、本人は6年生では通常学級に戻ることを目標にしています。**支援級と通常学級はそれぞれにメリット・デメリットがあり、どちらがいいというわけではなく、「環境は自分の意思で選べる」のです。**

私はどちらも長男に経験させることができて、本当によかったと思っています。

6 章

こだわり・かんしゃく・パニック対応編

74

こだわりにつき合うのがメンドクサイ

↓

プロ意識になるこだわりは財産

「こうでなければダメ」というこだわりは、自分のために使えば「ワガママ」と言われてしまいますが、世のため人のために使えば「プロ意識」になります。自閉的な傾向があると、気難しい反面、職人気質で、一つのことに黙々と打ち込むのが得意なことが多く、技術職や研究職などに向いていると思います。

子どもにこだわりが強いと子育てするお母さんは大変ですから、私もよく「も〜！そんなこと何だっていいじゃない！」なんて、面倒になってシビレを切らせてしまうこともありますが、こだわりは無理になくさなくてもいいと考えています。それよりも、「他の人のことを少しだけでも想像できるか」が大事です。

こだわることで誰かに迷惑や負担をかけていたら、そのことに気づかせる必要はあります。状況を伝え、合理的に説明することで納得できることもあり、少しでも譲れたり、妥協できたら「譲ってくれてありがとう」「助かるよ」と、繰り返し感謝を伝えてきて、少しずつうちの子達のこだわりも和らいできた部分もあります。

でも、何かにこだわること自体は、悪いことではありません。一つのことを探究し続けることで、技術を身につけ、自分の世界を深め、そこから人とのつながりを得たり、将来的に誰かの役に立つような「いい仕事」になる可能性もあるのです。

ここで、こだわりのよい活用の例をご紹介します。うちでは、宿題の補助として、教科書を音声で読み上げた、NPO法人EDGEが提供する「音声教材BEAM」（＊1）を使ったところ、とても聞き取りやすく発音も正確で、人工音声とは思えない美声だったので、私は心から感心し、「Facebookの投稿で触れて、ご紹介したのです。すると、その音源を作ってらっしゃるご本人の、中嶋さんからコメントをいただきました（中嶋さんは、お仕事や親の会の運営もされながら、LDのあるお子さんの子育てをがんばっているお母さんです）。そして、こんなに完成度の高い音声教材を作っているにもかかわらず、さらに「ぜひ意見を送って下さい。よりわかりやすい説明、参考になる例、使い方（などを知って）、音源の向上に努めたいです」と、おっしゃ

（＊1）音声教材BEAMは特定非営利活動法人EDGEのHPより、試聴・申し込みできます。

るのです。

私は、その職人的なこだわりの強さに感動しました。そして、そんな中嶋さんのこだわりが、ＬＤがあって教科書を読むのが苦手な多くのお子さん達の「学びたい」気持ちを陰で支え、社会に貢献していることが、本当に素晴らしいと思いました。

私自身も言葉に対するこだわりが強く、本の執筆やライターの活動をする上で、細かな表現に対して、かなりメンドクサイことを言うこともありますが、支えて下さる周りの方々には、「いつも根気よくおつき合い下さり、ありがとうございます」と感謝を伝えながら、納得ゆくまで文章の推敲をしています。

こだわりは、仕事などをしていく上では大切な財産です。だから、子どものこだわりもつぶさないように大切に育てつつ、誰かの役に立つことの素晴らしさや、人から感謝されることの喜び、自分がこだわることで誰かがガマンしてくれていることを少しでも想像すること、感謝を言葉で伝えることの大事さなどを、同時に伝え続けてゆけばよいのだと思っています。

すると、多少は人の意見にも耳を傾ける気持ちも出てくるので、こだわりを活かしながら、周囲の理解を得ていく「ほどほどの妥協力」を育てることができます。

75

テコでも動かない！
↓
こだわりにこだわりで対抗しない

そうは言っても、子どものこだわりで公園やスーパーから帰れないと、お母さんも困り果ててしまいますよね。私もよく、長男が幼児の頃に大暴れされて、懐かしの温泉旅館のCMの如く、両腕の中でピチピチ跳ね回るのを抱えながら、家に帰れずに途方に暮れたことは数知れず。我ながら、その時期に育児を投げ出さなかっただけでも、自分をほめてあげたいくらいです。

子どもが「発動」したら、「こだわりにこだわりで対抗しない」のが鉄則です。

うちの子達を観察すると、子どもの「こうでないとイヤだ！」の裏には、そうしないと不安や不満を強く感じてしまい、こだわりを実行することで安心し、自分を落ち着かせることができる、と信じているところがあるようです。だから、頭ごなしに

「ダメ！」と否定されると、余計に不安になってしまうのだと思います。

そして、子どもが「発動」した時には、私自身も不安や不満をザワザワと感じてしまうので、「かあちゃんはこうしないとイヤだ！」という「私のこだわり」で対抗したくなってしまいます。信念vs信念の戦いには終わりがありません。なので、こちらが少しオトナになって、一歩引いてあげます。

子どものワガママをすべて聞き入れるわけにもいきませんが、「そうか、そんなに○○したかったんだね」と、まずは気持ちに共感し「あと○分だけ、待ってあげる」と可能な範囲で譲ったり、「じゃあ、かあちゃんは早く帰って夕飯作りたかったけど、レトルトカレーにするよ」など、妥協するお手本を見せます（ついでに手抜きもします）。

そして、普段の声かけでは「絶対」「必ず」「いつも」などの極端で断定的な表現は避け、「できれば」「なるべく」と前置きして、「絶対～すべき」→「できれば○○してくれたら嬉しいな」「必ず～でなければダメ」→「（私は）なるべく～したいと思っているよ」と、自分の気持ちや考えという形に変換して、伝えています。

また、どうしても許容範囲を超えてしまい、子どもに「ダメ！」と言う必要がある時も「〇〇することは、ダメ！」と具体的な行動を指定したり、「今は、ダメ！」「〇〇だから、ダメ！」とTPOやできない理由を説明したり、「〇〇はいいけど、××はダメ！」と、範囲を絞って部分的な拒否にしています。

こんなふうに、言葉の表現に幅を持たせて、自分が常識と思っていることもあくまで「私自身の考え」であることを伝え、どうしても気になる行動には部分的にダメ出しすることはしても、「すべて」を否定しないように声かけ変換しています。すると、「こうでなくてはならない」「こうであるべき」という私自身の体質や人生経験によるこだわりも少し和らぎ、生きるのがラクになってきたように思えます。

また、私が目の前で「妥協するお手本」を見せ続けると、子どもも少しずつ妥協や譲歩ができるようになり、こだわりが多少強くても、まったく話し合う余地がないワケではなく、今では長男は「おれはこういう理由でイヤだ！　でも、こういうふうにすれば、ちょっとだけガマンできる」という提案ができるようになってきました。

ほんの少しの妥協や、他人の意見に少しでも耳を傾け、話し合う気持ちの余裕があるかないかは、こだわりとつき合いながら、社会の中で自分を活かしてゆくための、生命線だと思っています。

76

自分や他人の間違いやミスが許せない

失敗の手本を見せる

こだわりが強いと完璧主義傾向もあり、完成度の高い仕事ができる反面、自分に厳しく、たくさんほめてもなかなか自己肯定感を高めにくいようです。

「テストで90点でも、できなかった10点のほうが気になるタイプ」は、できていることよりできないことのほうに目がいきやすく、他人に対しても欠点や失敗、ミスや間違いを正論で指摘してしまうと、対人関係が難しくなる場面が多くなるかもしれません。何よりこだわりが多いと、腹の立つこと、許せないことも多くなるので、ストレスを溜めやすいかと思います。

こんな部分は私も他人事ではなく、我ながらしんどくなることもあります。そんな私が子ども達に心がけているのは、**「失敗の手本を見せる」**ことです。

うちの子達は私の失敗談が大好きです。料理がこげた話、お迎え時間を忘れた話、車をちょっぴりぶつけた話（第○話）……同時処理が苦手で、過集中しやすい体質だと、ついうっかりしてしまいますが、実は私の失敗談は、子ども達の自信になるようです。何度も「ねえねえ、あの『ケーキがおもちになった話』して〜！」と、キラキラした瞳でせがまれます（キミ達の自信になるなら、かあちゃんを踏み越えておゆきなさい）。また、視覚化するとより効果的なので、私は自分の失敗を写真に撮っています（ホントは早く忘れてしまいたいこともありますが……）。そして、こげた朝食のパンの写真を見せては、失敗自慢して一緒に笑っています。

「絶対失敗できない！」と思い込んだり性格的に負けず嫌いだと、プレッシャーから挑戦自体しない、途中で投げ出す、なんてこともあるかもしれません。当たり前のこともほめ、スモールステップで「できた！」を積み重ねて自信をつけるのと同時に、「失敗してもいいんだよ」と分かりやすく伝えることも大事なのです。

お手本があればできる子は、「失敗のお手本」があれば失敗できます。失敗は誰でもすることや、フォローや対処法を知るだけで、少し気がラクになると思います。まずは、親がたくさん失敗のお手本を見せてあげたらいいと思っています。

77

「白か黒か」で生きづらそう
↓
「あいまい表現シート」で中間を

世の中「白か黒か」「善か悪か」「敵か味方か」「0か100か」といった「絶対的な二択」だけと思い込んでしまうと、結構生きづらいかもしれません。まずは、その中間にある、あいまいな「言葉」から教えてみるといいと思います。

私が作った「あいまい表現シート」は、子どもに中間表現を教える時に役立つ、視覚的に工夫した一覧表です（9ページ㉓ダウンロード可＊1）。使い方は、

【例1　ものの量】おやつの時に、シートを置き、お皿や手のひらを見せ、「ママの手は今『からっぽ』なんだけど『ちょっと』ちょうだい！」と、子どもに分けてもらう。他にも「『半分こ』して！」「いっぱいお願い！」と、リクエスト。

【例2　力加減】シートを指して「『だらーん』って力抜いてみようか」と子どもに力を抜かせる。力が抜けてないところに手を当て「ここも『だらーん』」など促す。次に手近なコップなどで「これを『そうっと』置いてくれる?」など。そして、クッションなどで「『手加減して』パンチ!」とか「『フルパワー』で!!」とか、力加減を段階的に変化させて練習（子どもに手加減を教えるには「手加減とは、実際にどれくらいの力なのか」を体感する必要があると思います）。

他にも「紙に○を『ていねいに』や『ささっと』書いてみる」「今の気持ちの重さを指差しながら聞く」などを、シートを前に実際にやってみました。

ポイントは「言葉」と「イメージ」と「感覚（体感）」を結びつけることです。抽象的な「イメージ」が実感して分かると、「言葉」で表現できるようになり、繰り返し「言葉」を使うことで、「思考」もあとからついてくると思います。

世の中には、あいまいで、柔軟で、テキトーで、アバウトで、臨機応変にやってもいいことがたくさんあるということを実感できれば、選択肢が広がり、真面目で一直線な凸凹さんも、生きるのが少しラクになるかもしれません。

（＊１）日本語には、もっと繊細で美しい中間表現の言葉が多数存在しますが、このシートでは、うちの小５男子が日常的に触れることの多い言葉を基準に作っています。

78

かんしゃくとパニックの違いは……？

かんしゃくとパニックの見極め

子どもが人目もはばからずに大声で泣き叫んで大暴れしたり、固まってうんともすんとも動かなくなったりすると、お母さんも泣きたい気持ちになりますよね。ここではそんな時に私がどうしてきたかを、多少の知識と経験をもとに、試行錯誤しながら体得したイチ母親の「うちの経験則」で**「かんしゃく・パニック対応表」**（13ページ本書読者限定ダウンロード可）にまとめ、以降のページで詳しくお伝えします。

まず、事前の心得として、かんしゃくとパニックの違いを見極めておくことが大事です。私は、かんしゃくの原因は「不満」であり、パニックの原因は「不安」にあると思っています。同じように泣き暴れているように見えても、子どもをよく観察し、前後の状況や、それまでの経緯を考え合わせて、「感情」に注目することで、それがかんしゃくなのか、パニックなのかを見極めて、対応を変えています。

次に、私なりにうちの子達のかんしゃくとパニックの「原因」を分析して、違いを解説します。

【かんしゃく】原因は不満。感情は怒り。理由は「ガマンのし過ぎ」。思いどおりにできない、分かってもらえないという不満を、ひっくりかえって全身で表現している。一見ワガママのように思えるが、それまでにずっとガマンし続けていた本人なりの理由がある。たとえば、感覚過敏などがあると日常的な環境の刺激からの負担が大きく、ガマンのコップの水が溢れやすく、季節の変わり目や行事の前後などに疲れとストレスを溜めていると起こりやすい。また、私が他の兄妹の世話にかかり切りだった、家事や仕事で忙しかった、などで親子の関わりが足りずに、不満を溜めることが続いていた状況でもバクハツしやすい。

【パニック】原因は不安。感情は怖れ。理由は「予測できないから」。未知の経験、何が起こるか予測のつかない場面、いつもどおりでないことに、これから自分は一体どうなってしまうのか、現実に対応しきれずに、不安で固まっている状

1 親子あそび編
2 生きる力・考える力編
3 ソーシャルスキル編
4 友だち関係といじめ対策編
5 学校との連携編
6 こだわり・かんしゃく編
7 セルフコントロール編
8 人づき合いの処世術編

態。また、感覚的に「怖い」と感じる音や色・形などや、過去の不快な体験を思い出す刺激に触れた時でも、起こりやすくなる。また、行事などで「間違えずにやらなくては」というプレッシャーが強い時、「あれもこれもやらなくては」と一度にやることが多い時などで、処理能力が追いつかずに、緊張で張りつめた状態が続くと、何かの刺激がきっかけになって、氷のようにフリーズしやすい。

私は、かんしゃくやパニックは、それまでのガマンや緊張状態の積み重ねがあって、何かのでき事や刺激が、引き金を引いたに過ぎない、と考えています。見極めのポイントは、かんしゃくの場合でも座り込んで動かないこともありますし、パニックの場合でも暴れることもあるので、見かけの表現ではなく、「感情」に注目することです。怒りと不安が入り混ざって、かんしゃくとパニックが同時に出る場合もあります。また、自分がどのような感情を感じるかも、見極めの目安になります。

お母さんは、自分の分身である我が子の感情に共鳴しやすいようで、子どもが泣き叫ぶのを見て、自分も同じように、「ムカッ!」と怒りを覚えたらかんしゃく、「どうしよう……」と不安になったらパニックだと思えば、ビンゴの可能性が高いです。

また、自閉症など、言葉の出にくいお子さんが、適切な要求を伝える言葉が見つからずに泣き叫ぶことも、一般的に「パニック」と総括して表現されますが、ここでは、言葉が見つからないことによるパニックの場合も、お子さんが伝えたいことが「不安」によるものなのか、「不満」によるものなのか、感情や状況で判断し、以降のページが少しでも参考になればと思います。

それから、学校などの集団教育の場面では、個別対応ができない場合、他のお子さんの不満や不安の感情も関わってくるため、必ずしも私の家庭での対応がよい方向に作用するとは限りません。場合によっては「皆が特別扱いを必要とする」ことで、状況が難しくなる可能性等も考えられるため、柔軟にご対応下さい。そして、本人・家族の日常生活に大きな支障が出てしまうほどのパニックや、家庭内DVに当たるほどの暴力を伴ったかんしゃくが続いている場合等は、親子で医師やカウンセラー、ソーシャルワーカーなど、専門家の力を早めに借りることをおすすめいたします。

本書では、家庭でお母さんができる範囲までを想定した、うちのノウハウをお伝えしてゆきます。あくまで、うちの子に合わせた対応ですので、お子さんに合わない部分があれば、各ご家庭で実際の状況に合わせてご判断下さいね。

79

対応1　冷静に対応できない！

子どもの感情に巻き込まれない

かんしゃくでも、パニックでも、まず必要なのは、子どもが「ギャー！！！」となった時に、親も一緒になって、子どもの感情に巻き込まれない、ということです。

先述したように、お母さんは子どもの感情の影響を、特に受けやすい性質があるようです。自分の分身のような、可愛い我が子が高熱に苦しんでいたら「代わってあげたい」と思い、かけっこで一等賞を取れば自分まで誇らしくなり、誰かにいじめられて泣いて帰ってくれば、同じように心が張り裂けそうになる……そんな心を持っているのが「お母さん」なんです。だから、うちの子が目の前で、かんしゃくやパニックで泣き叫んでいれば、私の感情もザワザワとするのは当たり前、と思っています。

でも、ここで自分が落ち着けるかどうかで、かんしゃく・パニック対応の9割が決まります。ここが勝負です！　自分が落ち着いていれば、多少対応がズレていても、最終的になんとかなります。家にも帰れますし、子どもも可愛い元の顔に戻ります！

私は、まず、ふーっと息を長めに吐いてひと呼吸（「ため息」とも言います）、そして、できるだけ一対一で気長に対応できる工夫をします。可能な範囲で、目の前の子のことだけに集中できるように、環境を整えます。たとえば、

・買い物中はカートをサービスカウンターに預ける。店を出る。休憩コーナーに移動する。動かせない時は、通路が通れるように、少しだけでもズラして避ける。

・公園では、下の子をママ友に「ちょっと見ててもらっていい？」とお願いする。

・家では、その子と別室に移動する。動かせなければ、他のきょうだいに移動してもらう。または「テレビ見ててくれる？」等と具体的に待っててもらう。

・料理の途中なら、刃物等の危険なものはしまい、火元を消す。

など、まず、私のほうに余裕を作るのです。

慣れるまでは、こんなことを悠長にやっている場合ではない、と思われるかもしれませんが、「かんしゃく・パニックで死にゃあしない」と、自分に言い聞かせています（本当に命に関わる、事故・災害などの緊急時の場合は、避難や救護を最優先して

1 親子あそび編
2 生きる力・考える力編
3 ソーシャルスキル編
4 友だち関係といじめ対策編
5 学校との連携編
6 こだわり・かんしゃく編
7 セルフコントロール編
8 人づき合いの処世術編

下さい)。お母さんがどーんと構えて、「バッチコイ!」と受け止められれば収まりも早いので、「急がば回れ」なんです。

また、子どもが暴れ回り、奇声を発して泣き叫べば、外出中は注目の的になります。周りから厳しい視線を注がれれば、私だって逃げ出したくなりますが、かんしゃく・パニック対応の目的は、**「今、傷ついている子どもの心を救うこと」**です。

毎日がんばっているのに、こんな憂き目に遭ってしまうなんて、本当に私も気の毒ですが、自分が被害者の立場に立ってしまうと、行動ができません。なので、他人の視線を気にして、その場を丸く収めようとしなくていいんです。

周りの視線が気になったら、目の前の子どもだけを視界に入れて、そこに集中します。中には、助けようと声をかけてくれる人もいるかもしれません。頼れる人物の場合は、荷物や下の子をお願いします。

余計なお世話なら「大丈夫ですよ、慣れてますから」と、(ハッタリでもいいので)にこやかに返せばいいんです。だって、目の前のうちの子が、泣き叫んで求めているのは「私の」助けなのですから。

80

対応2 かんしゃくの消火活動

共感と自尊心の回復

思いどおりにできないことが続き、ガマンをし過ぎて、不満を溜め込み、火山のようにバクハツした状態の「かんしゃく」では、子どもが全身で暴れながら訴えるのは、「自分だってがんばっているのに、なんで分かってくれないの!?」という気持ちであることが、うちの場合多いです。

特に、長男は得意なことと苦手なことの凸凹差が大きいため、頭でイメージして考えていることに対して、身体の動きや脳の処理作業が追いつかず、現実的には実際の行動で表現できないため、思ったような結果が出せず、他人の評価や賞賛にはなかなかつながりません。

自分自身が常に「思いどおりにならない」状態なので、不満を溜めやすく、何かのきっかけで、ガマンのコップがすぐ溢れてしまい、ドカーンとバクハツします。ここの不満に共感し、分かってあげると、かんしゃくを早めに消火できます。

具体的には、まず、本人の話を、共感して寄り添って否定せずに最後まで聴きます。特に「気持ち」の部分に注目し、「そうかあ、それは嫌だったね〜」「それは、腹立つよね〜」と、感情を代弁しながら繰り返します。「でもさ〜」とお説教を挟むと火の勢いが盛り返すので、とにかく一通り全部聴きます。言葉のサンドバッグになって、ひたすら打たせるだけ打たせるのです。

ただ泣き喚《わめ》くだけで話にならない場合も、「そっか、そっか」「うん、うん」と、相づちを繰り返し打つだけでもいいです。

ただし、かんしゃくの火の勢いがあまりに強過ぎて、近寄れない、取りつくシマもない、という場合には、私自身に「延焼」してヒートアップする可能性も高いので、少し離れて、自然と勢いが弱まるまで、数分程度近くで見守って待ちます。

それから、本人に触れることが可能な場合には、背中をさする、トントンする、肩に手を置く、頭をなでてヨシヨシする、等でなだめると、より落ち着くことができます。ただし、嫌がったら無理に触らないで大丈夫です。特にエネルギー溢れる子は、正面からいくと顔やお腹を蹴られる場合もあるので、無理に触らずに、可能であれば背中など後ろからそっと触れることをおすすめします。

そうやって、不満エネルギーが出尽くして、怒りの火がほどほどに弱まり、とりあえず泣き止んだら、「落ち着けたね」と声かけします。

まだ怒りがくすぶっている場合には、外出中はいったん家に帰るなどして、落ち着ける場所に移動し、クッションなど叩いていいものを渡したり、紙に悪口を書いて破ったり、と「やっていいこと」を教え、残りの怒りの感情を形で表現させます。

完全に消火できたのであれば、そのかんしゃくのきっかけとなったでき事に対して、適切な言葉と行動を「かあちゃんに、◯◯してほしい時には、なんて言えばいいと思う？」「スーパーでは、どうすればいいんだっけ？」と、（反省会にならない程度に）考えさせて振り返るといいと思います。そこで、本人が適切な言葉や行動が言えれば、「そうだね。分かっているんだよね」等と認め、なかなか出てこない時には、本当に知識として知らないこともあるので「そういう時は、◯◯って言えばいいんだよ」「こうすればいいんだよ」と、適切な言葉や行動を具体的に教えます。

そして、本人が納得いかないことに対しては、合理的に説明したり、こちらが部分

1 親子あそび編
2 生きる力・考える力編
3 ソーシャルスキル編
4 友だち関係といじめ対策編
5 学校との連携編
6 こだわり・かんしゃく編
7 セルフコントロール編
8 人づき合いの処世術編

的に譲ったり、「ポイント手帳」のガマンポイントを与えたり、と話し合って交渉し、こちらも妥協するお手本を見せます。

最後に感情のアフター・ケアで、認めることをします。「思いどおりにできないこと」が続くと、自尊心が傷ついている場合が多いので、本人のがんばりを認め、自尊心を回復できるようにします。

「いっぱいガマンしてたんだね。よくがんばったね」とほめたり、「叩くのをやめてくれてありがとう」「買い物できて助かるよ」など、よくない行動をやめられたことなどの、一見当たり前のようなことでも、感謝を伝えます。

「消火活動」は、こちらが冷静に根気よく対応し、その都度火種を残さないようにしていけば、だんだんと火山のバクハツから、ぼや騒ぎ程度に規模が小さくなっていくと思います。

81

対応3 パニックからの救出と解凍 ↓ 情報を減らして安心させる

「予測のつかないこと」に直面し、未知の体験や過去の不快な記憶に触れて強い不安や怖れを感じ、フリーズした状態の「パニック」では、子どもが身じろぎせずに、心の中で叫んでいるのは、「今すぐここから助けて!」というSOSです。

以前、プールで溺れそうになってもニコニコしながら静かに沈んでいった次男は、「そういう時は頭が真っ白になっちゃう。『助けて』って言うのも忘れちゃう」と言います。

パニック状態にある子は、思考停止してしまい、ヘビに睨《にら》まれたカエルのように、無力で無防備な姿で、そこから動けずにいます。次男の場合、緊張しやすい体質で、一度にいろんなことを処理するのが苦手なので、キャパシティ・オーバーになりやすく、予測のつかない経験で、処理能力の限界を超えると、パニックで心を閉ざして壁を作り、刺激をシャットアウトして、自分を守ろうとしているように思えます。だから、「パニック」の時には、とにかくそこから救出し、守ってあげます。

何か脅威を感じている音やモノや人などがあれば、そこから連れ出してそっと離れます。本人が何を脅威に感じているのか分からない場合や、暴れたりまったく動けなくて、移動できない場合は、できる範囲で刺激を減らすようにします。外出中であれば、子どものほうに向き合って立ち、人目から壁になってあげます。家なら、テレビなどの雑情報を消したり、（本人が怖がらなければ）カーテンをしたり、イヤーマフをつけたりします。とにかく、情報が多過ぎて混乱していることが多いので、情報の元栓を閉めてしまうのがいいと思います。

本人が嫌がれば無理に触りませんが、触ることができる場合には、抱っこ、おんぶ、手をつなぐ、ハグなどができると、「守られている」安心感が強まります。そして、脅威から離れ、とりあえず安全な場所に避難できたら、「ここにいるよ」「ゆっくりでいいよ」「待っているよ」など、安心させる短い声かけをしてから、少し離れて見守ったり、黙って一緒にいたり、自分の部屋で一人でそっとしておくなど、孤独にはさせずに、落ち着くまで寄り添って待ちます。

ここで、いろいろと話しかけてしまうと、余計に情報量が増えて混乱が増すので、語りかける場合も「そっか、そっか」「うん、うん」と相づち程度にします。

安全で刺激の少ない場所で、処理が追いつき落ち着いてきたら、こちらを不安そうに見るなど、目に動きが出たり、表情が少し和らいで、顔色が生気を取り戻し、フリーズ状態がやや自然解凍されます。そこで「怖かったね」「イヤだったね」と、過去形で気持ちに共感します。可能であれば、脅威が去ったという事実・安全確認をし、危機的な状況が「終わった」「もうない」ことを実感させます。安心できると、それまでの泣き叫び方とは違う、子どもらしい泣き方で、涙が溢れ出すこともあるかもしれません。抱っこして受け止めたり、一緒に傍にいて、好きなだけ泣かせてあげます。パニックの渦中では、怖くて言えなかったことや、気持ちを吐露し始めたら、「そうだったの。それはつらかったね」などと、共感的な態度で、本人が話し終わるまで聴きます。何も話さなくても「大丈夫だよ」と繰り返し、背中をさすったりハグして、寄り添います。

そして、パニックは本人にとって負担の大きなことなので、落ち着く場所で自分の

好きなことをしたり、横になって一人で休ませるなど、回復できるようにします。すぐに休めない場合は、背中をゆっくりトントンして呼吸のリズムを整えたり、抱っこしたり毛布をかけて身体を温めて、過度な緊張からの「解凍」を手助けします。

そして、充分落ち着いたら、感覚を使って、「今、現在」に戻します。水や温かいスープを飲んだり、甘いものを食べたり、落ち着く音楽を聴いたり、慣れ親しんでいる匂いを嗅いだりしてほっとひと息入れてから、「○次郎」と穏やかに名前を呼んだり、トントンと肩を優しく叩いて、ハッと我に返すような感じです。

感情のアフター・ケアは肯定することです。不安や怖れから、固まって動けなくなってしまったことに、本人は無力感を覚えているかもしれません。でも、「○○しただけでも、よくがんばったね」とできているところに気づかせ、「○次郎が大切だから、心配したよ」「無事で帰ってきてくれて、ありがとう」等と、子どもの存在そのものを肯定する声かけをし、安心感で包んであげます。

「救出」と「解凍」は、その都度、迅速丁寧に温かく対応し「困った時にはいつでも助けるよ」というメッセージを送り続けていると、じょじょにブリザードのような氷の固まりも、日差しの当たる暖かい場所で、雪解けしやすくなってきます。

82 対応4 ほっといたほうがいい……?

「ほっておく」対応の注意点

ここまで、感情に注目して、うちの「経験則」をもとにしたかんしゃく・パニック対応をお伝えしてきましたが、「あれ？　結構手厚く関わり過ぎじゃない？」なんて感じられた方もいるかもしれません。

実は、ネットで発達障害のある子への「パニック」や「かんしゃく」の対応を検索すると「ほっておく・無視する」のがよいといった書き込みを見かけることがあります。私は、これには一理あるものの、家庭で一般のお母さんがこの部分だけを取り入れて実践する際には、注意が必要であると考えています。

一理あるというのは、

・泣き叫ぶことで、親や先生・支援者に構ってもらえることが「ごほうび」になっ

1 親子あそび編
2 生きる力・考える力編
3 ソーシャルスキル編
4 友だち関係といじめ対策編
5 学校との連携編
6 こだわり・かんしゃく編
7 セルフコントロール編
8 人づき合いの処世術編

て、余計にかんしゃく・パニックが強化されて増えてしまう

・こちらがあれこれ余計なことをすると、かえってひどくなるから、手を出さない

などの点です。確かに私も、かんしゃくの火の勢いがあまりに強い時には、自然に弱まるまで少し離れて待ちますし、パニックの際には、余計な情報を増やさずに、そっとしておくことも大事だと思いますが、「ほっておく・無視する」ことはしません。

私は、「ほっておく・無視する」という対応が有効であるのは、

・専門家などの指導のもと、総合的な療育の一環として行われている場合

・通行人など、その子との関わりが極めて限定的な場合

などに限られるように思います。

総合的な療育の一環として行われている場合には、かんしゃく・パニック時以外の時は、少しでもできたことを充分ほめ、頻繁にかんしゃくやパニックを起こしにくい配慮や環境調整がなされ、かんしゃく・パニックを起こしたあとには、要求を伝える適切な言葉やソーシャルスキルを教え、子どもとの充分な信頼関係が築けているため、よくない行動は「ほっておく・無視する」対応でも機能するように思います。

ところが、家庭で一般のお母さんが、ネットの情報だけを参考に、かんしゃく・パ

ニック対応として「ほっておく・無視する」という「部分のみ」を取り入れることは、子どもが「泣き叫んでいるのに、誰も助けてくれない」と誤学習したり、お母さんが「自分が関わらないほうが、子どもが落ち着いていられる」と誤解したりして、子どもへの愛着心や育児意欲を失ってしまうリスクがあるように思います。

私は、かんしゃく・パニックは「心の火事・事故」と捉えていますが、もし、実際の火事や事故に遭って、119番でSOSを求めたのに、誰も助けに来なかったらどうでしょう。消防団や救急隊の人が、すぐ近くにいるのに、何もしてくれなかったら、その人の心には何が残るでしょう。うちの子からSOSのサイレンが鳴ったら、とりあえず馳《は》せ参じ、助ける意思があると伝え、できる限り手を尽くすのが、へその緒を切られても子どもの心とはつながっている母である私の使命だと思っています。

そして、私は「子どもが全身で関わりを求める場合には、日頃の関わりを意識したほうが、落ち着く近道になる」と育児経験上感じます。つまり、泣き叫んで親や支援者に関わってもらえることが「ごほうび」になるのではなく、泣き叫ばなくても、日頃から充分に、親や支援者からの肯定的な関わりが得られる（＝関わりが「ごほうび」にならない）ことのほうに、視点をフォーカスするほうが大切なのです。

83

対応5　予防するには……？

日頃から充分な関わりを前払い

かんしゃく・パニック対応で、最も大事なことは「防災」、つまり事前にその子に合わせた接し方で配慮し、環境を調整し、かんしゃく・パニックが頻繁に起こらないように予防することです。そして、対応した時の親・支援者の関わりが、後払い・ツケ払いの「ごほうび」にならないように、日頃から泣き叫ばなくても肯定的な関わりが得られる体験を充分に積み重ねておくことです。

これらの接し方の基本と、環境調整の工夫や、愛情を伝える関わり方は、前著でもそれぞれ詳しくお伝えしていますが、ここで、もう一度主なものをおさらいします。

【かんしゃく・パニックを予防する関わりと工夫の例】

・愛情を分かりやすく伝える（「大好きだよ」と言葉で言う、紙に書くなど）

・**スキンシップをキモチ多めにとる**（抱っこ、ハグ、おんぶなどをお試し増量）
・**話を否定せずに聴き、共感する**（ネガティブな感情も否定しない）
・**「やっていいこと」を肯定形で伝える**（「走るな」→「歩こうね」と声かけ変換）
・**当たり前のこともほめ、認める**（学校行けた、宿題をやった、叩くのをやめた等）
・**課題はひとつひとつ取り組む**（一度に多くを求めずに、ほめラインを下げる）
・**小さな「できた！」を増やす**（課題をスモールステップに分ける、道具の工夫）
・**安心させる**（「〇〇すれば大丈夫だよ」と伝える、落ち着ける場所を見つける）
・**情報に「蛇口」と「ガード」をつける**（環境を調整し、不要な刺激を減らす）
・**家の中の交通整理をする**（マークや張り紙で分かりやすく「見える化」する）
・**予定変更の可能性と、どうしたらいいかをあらかじめ教える**（行動表など）
・**やることを把握し、優先順位をつける**（ふせん、ToDoリストなど）
・**疲れたら休む**（親も一緒に休む。がんばり過ぎずに、余裕を作る）

……こんなことを、日頃から積み重ねておくことで、子どもの負担を減らし、自信をつけ、不満・不安の感情と、疲れ・ストレスをこまめに解消していけば、かんしゃく・パニックが起こる頻度もじょじょに減ってゆきます。

そしてもし、かんしゃく・パニックを起こしたとしても、早めに落ち着けたり、立ち直る回復力がつき、自分の言葉で要求や気持ちを伝えたり、多少の妥協ができるなど、話し合う余地が生まれてきます。

また、かんしゃく・パニックや問題行動を起こした時だけ、または「100点取れた」など、特別な結果が得られた時だけ注意・関心を向けるのではなく、**子どもがフツーに平穏無事に過ごせている時に、よく観て聴いて触れて、声をかけておくことで親の関わりがツケ払いの「ごほうび」にならずにすむように思います。**

なかなか、私自身も3人の子どもが「毎日3食、お腹いっぱい満腹になるまで」愛情で満たし、肯定的に関わるのは至難の業でできませんが、時々お総菜や宅配サービスも使いつつ「腹六分目から八分目」でいいから、ほどほどにお腹を満たせる関わりが安定して得られてさえいれば、以前は、暴れると悪魔祓いの力も借りたいほどだった、長男の火山のバクハツのようなかんしゃくも、今では不機嫌な「ぼや騒ぎ」ですむようになりましたし、次男も、親や先生を信頼し、助けを求められるようになり、パニックでフリーズして動けなくなるような心配は減りました。

親の「関わりのごほうび」は、前払いのお給料制でいいんです。

84 予測のつかないことが苦手

「ハプニング・リスト」を作る

パニックの原因にもなる「予測のつかないこと」は、人生には山ほどあります。今日の天気から、人生の転機まで、毎日が予測のつかないことの連続です。そのすべてに冷静に対処するのは難しいですが、**少なくとも「人生には予測のつかないことがたくさんある」ということを、あらかじめ理解しているだけでも違ってきます。**

以前、長男と「ハプニング・リスト」を作ったことがありました。一緒に「予測のつかないこと」を思いつく限り書き出してみたのです。天気予報が外れる、トイレでトイレットペーパーがない、家のカギがない、欲しいものが売り切れ、宝くじが当たる、転校や引っ越し、災害や事件事故、家族の病気やケガ……身近な人の死。こんなことを、全部で100くらい可能な限り書き出し、ひとつひとつそういう時はこうすればいい、誰に助けを求めるか、という対処法や、今できる予防法などを確認しました。

そして**「それでも想像できないほど、予測不能なことはまだまだあるよね」**と話しました。長男は膨大なリストを見て、実感して分かったようです。

その数ヶ月後のある日。うちの子ども達が大好きだった、小児科の先生が突然亡くなってしまいました。病院に行けばいつもの先生の優しい顔が迎えてくれるものと思っていた長男は、あるはずのものがないことに大変なショックを受けました。しばらくの間「先生の笑顔の映像が浮かんで消えないから、眠れない」と言っては「これはハプニングだ。人生にはあることなんだ」と、何度も自分に言い聞かせたり、先生の似顔絵の描いてある診察券をじっと見つめたりもしていました。私も、彼なりに現実を受け止めようとする、長男の姿を見て涙が出ました。

それからしばらくして、いつもふざけてばかりの長男が、ふと、急に少し大人びた顔をして「おれ、先生のこと忘れない。これ大事にするよ」と診察券を引き出しにしまったのです。そしてまた、いつもの子どもらしい顔になって、日常に戻っていきました。私も、この時のことを忘れません。

7章

自己理解とセルフコントロール編

85

「発達障害」は克服できるの？
↓
「凸凹変換表」で自己理解

本書の冒頭でもお伝えしましたが「凸だけ、凹だけの子はいない」のです。どんな子でも、凸と凹があり、長所と短所は、表裏一体でセットなのだと思っています。でも、どうしても、親も、そして子ども自身も、できないことのほうが気になってしまいます。そこで、自分の凹を凸として変換し、自分の個性を両面で見る習慣をつけるための**「凸凹変換表」**を作りました（14～15ページダウンロード可）。

- **こだわりが強い、頑固→意志が強い、粘り強い**
- **空気が読めない→実行力がある、メンタルが強い**
- **落ち着きがない→行動力がある、バイタリティがある**

というように、「凸凹さん」によくある特徴を中心に、活用例も含め、経験と実感から、私の独断でまとめています。

お子さんとお母さんが、気になるところを、いいところや得意なことなど、長所のほうにフォーカスし、「今のままでも充分OK!」と、少しでも自信になれば嬉しいです。できないことがたくさんあれば、同じ数だけできることもあります。

これは、決して強がりではなく、私がうちの子の育児を通して、最近心から強く実感していることです。大事なのは、それを探そうとする目を持つことです。いつも子どもが周りから怒られがちだと、お母さんも育児に自信をなくしがちかもしれません。でも、視点を変えれば、お子さんのいいところ、本当にたくさんあると思います。

たとえばうちの長男の場合、「まったくうちの子ってば、ワガママで、空気が読めなくて、うっかりやのあわてんぼのお調子者で、集中力もないし、片づけられないし、落ち着きがなくて、頑固で、人の話を聞かなくて、できないことがたくさんあって、失敗続きで、苦手なことばっかりで、これでは将来が心配だわあ〜、はああ」というのを「凸凹変換」すると、「うちの子は、自分の意見を持っていて、メンタルが強くて、親しみやすくて、決断力があって、サービス精神に溢れていて、好奇心旺盛で、発想力が豊かで、行動的で、粘り強い根性があって、自己主張できて、できない人の気持ちが分かるし、挑戦する意欲が強くて、いいところがこんなにあって、なんだか将来楽しみだわあ」となり、気持ちが明るくなってきます。

もちろん、うちもいろんな課題が山積みですが、無理にすべての欠点を克服してしまったら、長男のこんなに素敵なところも一緒に消えてしまうかもしれません。苦手なことは、人に大きな迷惑をかけない程度の、最低限のギリギリラインでできればOK。せっかくの素敵な個性は大事にし、道具や自己管理で工夫したり、周りの人に協力をお願いできるスキルを身につけたり、長所を損なわない程度に「ほんの少しだけ」心と身体の体力作りをして負担を減らしながら、上手につき合えばいいんです。

この「凸凹変換表」を、「声かけ変換表」と一緒にうちのトイレの壁に貼って、毎日見えるようにしていたら、長男も次男も「おれは、××が苦手だけど、◯◯することは得意だから」と、長所と短所をセットで考えるようになりました（長女には、折に触れて口頭で伝えています）。こんなものの見方が習慣になってくると、「自己理解・自己受容」ができるようになります。苦手克服はがんばり過ぎなくていいんです。

自分の凹を直視できれば、それに対する工夫ができます。そして、短所・欠点も含めて自分を丸ごと受け容れられるようになると、生きるのが本当にラクになります。

86

自分をコントロールできない ↓ 「客観視」が安全運転の車のカギ

衝動的・自己中心的に見える行動があると、「自制心が足りない」などと言われてしまうかもしれません。でも、「自制心」とひと言でまとめるのは簡単なことですが、実際にそれを身につけるために必要なことを車の運転にたとえてみると、

1 **基本的なアクセルとブレーキ、ハンドルの操作と車幅感覚を身につけている**
（感情や体調、身体の動きを把握し、自分の個性を理解し受け容れる）
2 **交通ルールを理解し、周囲に目を配りながら、実際の道路で走行できる**
（ルールやマナーの知識と、状況を判断し、現実に合わせた対処や工夫ができる）
3 **目的地を設定し、ナビゲーションを活用できる**（先の見通しがつき、そのた

めにガマンや妥協ができる。自分の将来に希望を持ち、楽観的な考え方ができる）

4 もし道に迷っても、落ち着いて行動できる（多少の失敗をしても受け容れられる、回復できる、愛されている自信がある）

こんな力を総合して、初めて、自制心がある、ということになるのでしょうね。

これは「凸凹さん」には、結構ハードルが高いようです。理由は、自分の身体の動き、体調の変化や疲労感、感情、周りの状況などを正確に把握しにくく、成功体験の積みにくさから、なかなか自分に自信を持つことが簡単ではないからです。


自制心を身につけるカギは「客観視」のようです（心理学用語では「メタ認知」とも呼ばれます）。自分が今、何を考え、何を感じ、どんな気持ちで、身体はどうなっているのか。まずは、これを自分で客観的に把握できるように導いてあげます。

子どもと一緒に「自分の運転」の練習をしていると、私自身も自分を客観視するクセをつけることで優良ドライバーになってきて、子育てだけでなく、自分と上手につき合いながら、安全運転で凸凹を活かせるようになってきました。

87 気持ちが分からない、伝わらない

「スケーリング」で心の見える化

自分の気持ちが相手に伝わらない、相手の気持ちがよく分からない、という気持ちのすれ違いがあると、お互いにもどかしく、イライラの原因にもなるようです。気持ちに気づきにくく、言葉や行動での表現が苦手な「凸凹さん」なら、なおさらです。

うちでも、低学年の頃に、長男がなかなか気持ちが伝わらずにクールダウンに時間がかかることをスクールカウンセラーさんに相談したところ、**「感情をスケール化すると、気持ちを客観視できていいですよ」**とアドバイスをいただきました（この手法はアンガーマネジメントなどで「スケーリング・クエスチョン」と呼ばれます）。

そこで、早速「気持ちスケール」を作ってみました（5ページ⑬ダウンロード可）。

これを使うと、気持ちという目に見えないものが「見える化」でき、共通のものさし

で、相手にも伝わりやすくなります。子どもが泣いたり怒ったりした時、ほどほどに落ち着いてからスケールを見せて、「どれくらいイヤだった？」などと聞くと、気持ちの強さにも段階のあることが分かり、次第にスケールがなくても「今のは『まあまあ』だった」など、言葉で表現できるようになりました。自分の気持ちが相手に正確に伝わった、共有できた、というだけでも、普段気持ちが伝わらずにもどかしい思いをしている子には、気持ちを落ち着ける効果があるようです。

そして、今の気持ちの強さを数値などで表現し、以前の経験と比較して客観視できると、怒りのレベルが一つ下がって、クールダウンできることもあります。

スケールがない時でも、学校で担任の先生が教室にあった温度計を使って、トラブルがあった時、長男に「今の気持ちはこれでいうと何度くらいまで頭に来ちゃったの？」と、聞いて下さったこともあります。他にも、定規やカレーの箱の辛さ表示などを使って、臨機応変に「スケーリング」して、気持ちの「見える化」ができます。

うちには、他にも、「疲れスケール（次項）」「こまりスケール（ー29ページ）」「こえスケール（ー28ページ）」「ガマンスケール」「いたずらスケール」「いつやるの？　スケール」「あそびスケール」などの、オリジナル手作りスケールがあります。

88

疲れに気づきにくい
「疲れスケール」で体調管理

凸凹さんは疲れにも気づきにくく、うちの場合は特に、よく動くタイプの長男とパパは「限りある人生を、可能な限り楽しみたい」と考えているようで、限界ギリギリまで動き回っては突然ガス欠になり、スイッチが切れることもあります。疲れやすい次男と私は緊張がなかなか抜けず、ついダラダラと充電に時間がかかってしまいます。長女は活発ですが、攻守のバランスが取れているタイプのようです。

長男の場合、疲れを溜めると学校トラブルも増えるので、**彼に合わせた「疲れている証拠」を、スケール化しました**（5ページ⑭）。自分で「見て分かる」疲れのサインを段階的にスケールにしたのです。長男は疲れると、まず口内炎ができます。最大限疲れると、喘息様のセキが出て止まらなくなります。早いうちに疲れを自覚し、意

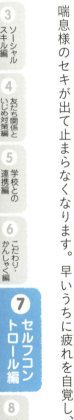

識して休息を取ったり、服薬したり、車で送迎して体力を温存する、などのケアをします。「口内炎ができたら、疲れている証拠」は、本人にも分かりやすかったようで、今ではほとんどセキが出て寝込むことはありません。

パパの場合、家族旅行などで、運転疲れが原因でケンカしないように、私は「車の移動は1日○キロまで」と決め、それ以上は電車・新幹線を使うようにしています。

次男の場合、緊張状態が続くと、まず背中にかゆみが出て、お腹を壊し、私の場合、疲れが溜まると、音がやや反響しやすくなる、気圧の変化で耳が痛くなる、など過敏性が増す気がするので、早めに心身の緊張をほぐし、リラックスできるように意識しています。長女の場合は、疲れると私にくっついてきて「ママと一緒にいたいから、今日は幼稚園休みたい」と素直に言うので、時々大目に見ています。

家族独自の「疲れの証拠」は、いつも身近で見ているお母さんが気づきやすいものです。また、口頭でも「○太郎は、季節の変わり目には頭痛が出やすいから、今日は早めに休もうね」など、自分のコンディションを意識しやすい声かけをしています。

スケール化すると、「ものごとには段階がある」ことが見て分かり、段階に応じて「どうすればいいか」意識しやすくなります。

89 痛みに過敏・鈍感 ↓ 「ステータス・ゲージ」で数値化

身体の痛みも心の痛みも、その感じ方には個人差が大きいようです。同じ強さの刺激を受けても、耐えられないほど苦痛を感じる人もいれば、全然平気な人もいますし、同じ人でも大丈夫な時とそうでない時もありますよね。

私が通っている整形外科でも、痛みをメモリで表現する器具がありましたが、心や身体の痛みという主観的なものも数値化して、他の人に「これぐらい」と分かりやすく指し示して伝えられることで、和らぐこともあります。そこで、RPGや格闘ゲームが大好きなうちの子達に分かりやすく、痛みのスケールをゲーム風のHPとダメージ、回復のステータス表示で表した（＊1）**「ステータス・ゲージ」**を作りました（9ページ㉔ダウンロード可）。子ども達が楽しく、自分の体力や心身の痛み、そしてど

1 親子あそび編
2 生きる力・考える力編
3 ソーシャルスキル編
4 友だち関係といじめ対策編
5 学校との連携編
6 こだわり・かんしゃく編
7 セルフコントロール編
8 人づき合いの処世術編

うやって回復するかを客観視できるシンプルな視覚ツールです。「痛み」とセットで「回復」にも目を向け、「何でどれぐらい回復したか・できそうか」も、一緒に考えられれば、自己理解になります。

【使い方の例】 朝、その日の給食に出るプチトマトが嫌だという長男に……

母「そうかあ、嫌だよね～。もし一口かじったら、どんくらいダメージ受けそう？」

長男「プチトマトの攻撃力は高いよ！　残りＨＰは１になっちゃうよ」

母「強敵だね。じゃあ、回復アイテムに『夕飯にカレー』だ。何％回復できる？」

長男「よっしゃ！　それならＨＰは50％くらいまで復活できるかも！」

母「ＯＫ。じゃあ夕飯はカレーにするね」

という感じで、なんとか給食の苦手メニューの時でも送り出しています。

また、嫌なことやケガのあとに、ほどほどに落ち着いたところで、どのぐらいのダメージだったかを示す時や、「ク◯ババア」などの不適切なご発言の時、こちらの受けた精神的ダメージをゲージで見せることもあります（楽しめる範囲まででですが）。

「ステータス・ゲージ」は、楽しく「痛み」を共有する親子コミュニケーションツールです。

（＊１）RPGや格闘ゲームでは、キャラクターが攻撃を受けたり、回復するとバーのメモリや数値が増減する「ステータス表示」が定着しているので、それをデザインに応用しました。

90 「怒り」でクールダウンできない ➡ サンドバッグで感情を受け止める

私は、なるべく子どもの「感情と感覚だけは否定しない」ようにしています。

たとえ、どんなにそれがネガティブなものでも、心（感情）と、ものの感じ方（感覚）は本人にとっては紛れもない真実なので、「そんなふうに思っちゃダメ」「そんなふうに感じるのはおかしい」とは言わないようにしています。

私すぐカッとなる、ずっと怒りっぱなし、弟妹や友だちに手が出る足が出るだと、も大目に見ることはできませんが、「怒り」の表現方法は選べます。「怒ってはダメ」ではなく、「やっていいこと」に次第に置き替えればいいのです。

うちでは、怒りを安全に表現して外に出すなど、早めに気持ちを切り替えられるよう簡単な方法で少しずつ取り組み、多少の小競り合いはあっても、「殴る・蹴る」以外の表現方法で、じょじょに怒りを表現できるようになってきました。

最初にとっかかりやすかったのは、「殴ってもいいものを与える」ことです。

「スポーツで身体を動かして、怒りのエネルギーを発散する」などの健康的な方法ができればベストですが、うちでは初めからそこまでは導けなかったので、とりあえず、腹が立った時に、身近で安全なものをぶん殴っていいことにしました。

クッションや座布団など、あればなんでもよく、うちでは古いベビー布団をまるめてひもで縛った簡易サンドバッグを使いました（10ページ㉕）。そして私も、育ち盛りの長男相手にスパーリング開始です。サンドバッグを両手で持ったり、腕に通したりしてパンチを受け止めます（お子さんの体格・年齢・状態などによって、お母さんが安全に受け止めきれないほどの強いパワーがある場合、決してお一人で無理をせずに、パパや外部の医療・支援機関等も頼るようにして下さいね）。

外出先の場合は、手近にある上着や体操袋などで代用し、それすらなければ手のひらで受け止めます。ある程度打ち込んでパワーダウンしたら、目標の位置をパッパッと変えて、左右や上下にパンチすると、少し視野を広げて気持ちの切り替えを促し、動体視力を鍛え、反射神経とボディイメージを育てる療育あそびの一石二鳥です。

また、天井からつり下げ式の市販のパンチボールや、100円ショップのゴムボールをネットに入れて吊るして（63ページ）、おすすめしたりもします。

これを繰り返すうち、次第に長男は、もう少し穏便な方法にシフトできるようになり、今は、腹が立つことがあれば、マインクラフトの建物を爆弾で破壊しまくって、スッキリしています。これは、一種の箱庭療法のようにも思えます。

また、優しくて感情を溜め込みがちな次男の場合、自分で黙々と発散できる単調なバッティング練習などの運動が合っているようです。パパもストレス解消にゴルフの打ちっぱなしやランニングなどをしているので、単調な動きの運動は、気持ちの安定によいようです。また、『イラスト版　子どもの認知行動療法②　だいじょうぶ自分でできる怒りの消火法ワークブック』（ドーン・ヒューブナー・著　上田勢子・訳／明石書店）という子ども向けの認知行動療法の本も、うちの子達には読みやすくて、怒りの感情の理解によかったようです。

大人も子どもも、腹が立つことをそのまま受け止めてくれる人がいたり、自分に合った代わりの表現方法を身につければ、他人や自分自身を傷つけずに、上手に自分の感情とつき合えるようになると思います。私もただいま、練習中です。

91 心配、不安、腹の立つことが多い ↓

「心配BOX」「怒りバクダン」

感覚的な不安や恐れは、なかなか理屈で克服するのは難しいものだと思います。

以前、長男にとって、とても恐怖を感じた体験があり、そのことの起こった通学路の場所が怖くて戻ってくるので、車での送り迎えが続く時期がありました。

そこで、前項でご紹介した本と同じシリーズの『イラスト版　子どもの認知行動療法①　だいじょうぶ　自分でできる心配の追いはらい方ワークブック』を一緒に読んで、「心配タイムを決めて心配しよう。それ以外の時間に心配事が頭に浮かんだら、(頭の中の)心配ボックスに入れてカギをかけておこう」というアイデアを、早速やってみました。

でも、長男がこれを頭の中でイメージするのは、すぐには難しかったので、この

「心配BOX」を実際に作ってみました。密閉できるタイプのガムの空き容器に、心配事が浮かんだら、その都度ふせんに書いて入れておくようにして、それを毎日決まった時間に、処分することにしたのです。

「どうする？　破って捨ててもいいし、ゴミに出してもいいし、土に埋めてもいいし、流せるティッシュに書けばトイレに流してもいいよ」と聞くと、本人が「火で燃やしたい！」と言うので、ロウソクとふせんをつまむシュガートングを用意して、一緒に燃やすことにしました（必ずおうちの方と一緒に行って下さい。火への興味が強いお子さんや火元の管理に自信がない場合は、他の処分方法をおすすめします）。

これが見事に長男に合っていたようで「超スッキリする！」と言って、毎朝、いろんな不安や心配事（ついでに悪口も）をたくさん燃やしてから登校し、1週間ほどこれを繰り返して、行きつ戻りつしながら、次第に通学路が大丈夫になりました。

また、夏の時期には、同様に水風船で「怒りバクダン」を作って、地面に叩きつけて割って、「スカッとするぅ〜！」と、ストレス解消していました。

こういった、自分の恐怖心や不安感、怒りの感情の塊を「見える化」して、ラベルをつけてモノのようにしてしまうと、自分で扱いやすくなるようです。

92

緊張しやすく、力の抜き方が苦手
↓
くすぐりあそびとシンダフリ

高学年になってから、長男の学校生活の上での課題は「集中する」「話を聞く」「気持ちの切り替え」になってきました（低学年の頃は、こだわりが強く完璧主義で、失敗を恐れたり、譲れないことが課題でしたが、そちらはほどほどに緩和されました）。

身体の力の抜き加減が苦手だと、「集中モード」と「リラックスモード」のＯＮとＯＦＦのスイッチの切り替えが、難しいのではないかと思います。そこで、毎日の宿題をする前に、上嶋恵さんの著書『3ステップ　聞くトレーニング』（さくら社）を片手に、「床に寝るトレーニング」のところを、うち流にやってみました。

このトレーニングの目的は「指示を受け入れる」ことと、「気持ちを切り替えてリラックスする」ことのようです。床にごろんと寝転がって、力を抜いて20秒間動かずにいるだけなのですが、これが長男にとっては本当に難しいのです。

最初はなかなかうまく力を抜くことができなかったので、まずくすぐりあそびの時間を作り、ひとしきり笑い倒したあとで、「ふーっと抜いて」「はい、シンダフリ〜。1・2……」という声かけの流れにすると、うまくいくようになりました。

実はこの「シンダフリ」、私が高校生の時ハマっていたヨガの「死体のポーズ」と基本は同じなんです（ユニークな女子高生でした）。全身に力を入れたあと、脱力してゆっくり腹式呼吸することを繰り返していると、ものの5分で眠りに落ちてしまっていたので、多感な思春期の頃のリラックス法として、自分でよく試していたものです。このリラックス法が習慣として定着してくると、長男は宿題も割と落ち着いて取りかかることができ、宿題時間もこれを目当てに楽しみにするようになりました。

最近では、弟妹も一緒に、リラックスしたい時に「こちょこちょして！」と言ってきたり、兄弟妹でくすぐり合って爆笑しています。「声を出して笑う」というのも、立派なリラックス法であり、気持ちの切り替え術だと思います。習慣として定着するまで、地道な取り組みになりますが、お試しの価値はあると思います。

93

手加減できない

↓

力加減を体感と動きで教える

子どもがきょうだいや友だちを強く叩いてしまう場合、力の強さと「悪意」は、比例しているとは限りません。本人の意思とは違って、強い力がうっかり出てしまった、内心そんなに相手が痛がるとは思わなかった、という場合もあります。

これは、筋肉を上手にコントロールして、自分のイメージどおりに動かすことが苦手なためだと思います。だから、子どもが強い力で叩いた時に、強く叱ればすべて解決するとは必ずしも言い切れないのです。

うちでは、こんな時はまず「叩くことはよくないね」と「行為・行動」のみを指摘して、「悪い子だね」「乱暴者」のように、人格や性格を否定する言い方は避けています。そして「なんて言えばよかった?」「なんて言えば（相手は）分かってくれると思う?」と、言葉での表現を考えさせたり、「そういう時はこうすればいいんだよ」と、代わりの「やっていいこと(=代替行動)」を教えています。その上で、「手加減」ができるように、体感して実際の動きを気長に教えていきます。

「あいまい表現シート」(2—8ページ)でもお伝えしましたが、力加減には段階があり、実際の動きで「どれぐらいの力か」を体感することが大事だと思っています。

また、小さな頃は、子ども同士のヒーローごっこやチャンバラごっこなどを通して、あそびの中で手加減を覚えていくものではありますが、「自然と学ぶ」が難しい子の場合、なかなか、ほどほどの所を見つけられないので、うちでは「ゆっくり動いてごらん」と動きの速さを教えて、うまく伝わったこともあります。

ただし、子どもの成長とともに、小さな頃と同じ力加減でやっていたら、相手によっては「暴力」になってしまうということもあります。「手加減」は、アップデートが必要です。

現在私は思春期に近づいてきた長男と、時々腕相撲や握手をして、「イタタ! それは強過ぎ!」と体感の痛みを伝えたり、時々買い物の荷物を持ってくれるので「おお、さすが力持ち! 助かるわあ」と、健全な力の使い方をほめて伸ばししています。

94

ヒドイことを平気で言う ↓

言葉の許容範囲の線を引く

　力のコントロールが難しい子がいる一方で、人を叩くことはあまりないけれど、その分言葉で相手を傷つけてしまう子もいます。特に語彙が少ないと、「シネ」や「コロス」など、シンプルで鋭利な言葉でしか、表現を思いつかないこともあります。こういった場合には、前出の「TPOリスト」（130ページ）のように「心の中で言う言葉」のリストを作ったり、日常会話や読書などで言葉の表現の幅が広がるよう意識して地道に気長に取り組むのが、まずはよいと思います。

　ただ、言葉というのは、単純に一般的な悪口や相手を意図的に傷つける言葉さえ言わなければ人を傷つけないかというと、そうではありません。同じ言葉でも、大丈夫な人もいれば、そうでない人もいて、同じ人でも、相手との関係性や状況によって、大丈夫な時とそうでない時があります。

たとえば「アホ」という言葉は、親しい兄弟や友人同士で、「お前アホか！　なんでやねん！」と、お笑いコンビのツッコミのような場面なら気にならないけど、親や先生に厳しく強い口調で「アホ！」と叱責されたり、本人が内心「コイツにだけは負けたくない」と思っている相手から言われると、大きく傷つく場合もあります。また、一度言われただけでは気にならなくても、何度も繰り返し言われることで突然ガマンできなくなることもあるでしょう。言葉というのは、とても有機的なのです。

これを、空気を読んだり、状況判断をするのが苦手な子や、言葉での表現が苦手な子が「どこまで許されるか」を、普段の友だちづき合いの中で自然と学びながら、セーフかアウトかのラインを見極めていくのは、かなり難しいことだと思います。

そこで、うちでは、言葉が度を越えたなと思ったら「○○というのは言い過ぎ。他の言い方ないの？」とか「かあちゃん、ババアって3回目までは平気だったけど、4回目から腹が立った」「もう一回言ったら、『しつこい』って怒るからね」など、**私の許容範囲のラインを示して、言葉で伝えるようにしています。**

95

自分勝手と言われる
↓
本当の自主性を大事にする

子どもが高学年になると、「自主性」という言葉をよく聞くようになりました。確かに、「自分のことを、自分で考え、自分で動いてできる力」は本当に大事だと思います。でも、私は「何のために、誰のために」がもっと大事だと思うのです。

もしもその「自主性」が「大人の要求を言われる前に察知して、顔色をうかがいながら、怒られる前に動き、選択肢の中から、一番ほめられそうな答えを見つける力」だとすれば、「うちの子にはなくていいや」と思っています。

私は、本当の「自主性」とは**「自分が何をやりたいのか明確に把握し、人からなんと言われようと実行し、周りからほめられなくても怒られても、いいと思ったことをしつこく続ける力」**だと思います。そうすると長男は、すでに自主性の塊ですから、この子はこれでいいんです（まあ、多少は他の人の気持ちを想像したり、歩調を合わせてあげられる、少しの配慮や思いやりができれば、なおよしですけどね）。

私は最近、そんな自分に正直な長男を、結構頼もしく感じています。かつての私がそうだったように、「優等生・いい子」と言われる子は、実は「大人にとって都合のいい子」なんです。だから私は「優等生」を子育てのゴールにするのはやめました。

以前は私も、宿題は親に言われる前にはやって、自発的に勉強もして、友だちとはトラブルなく上手に立ち回って、先生にほめられるようなことをしてくれたらと思っていました。それなら、一見手がかからず、私は安心できますから。

でも、周りに気を遣い、自分の心が見えなくなるより、自分は何を考えていて、本当は何がしたいのか、何が好きで、何が嫌いか……誰からもほめられなくても、自分の心に正直でいることは、自分の人生を歩む上で大切なことだと思います。

もちろん、健全で本当にキラキラと輝いている、素敵な優等生さんもたくさんいます。だけど、私からうちの子にそれを期待して、口にすることはもうしません。

「あんたはそれでいいから、好きなように伸びてゆけ！」

私も、我が子のそんな正直な生き方を見習っていきたいと思っています。

96

告知ってしたほうがいいの？

告知のタイミングと条件

「発達障害」のことを子ども本人に伝えるかどうかは、親も悩むところだと思いますが、私は凸凹差が特に大きな長男には、伝えてよかったと思っています。

長男に告知をしたのは、４年生の夏休み前でした。それまで、私が長男に伝えてこなかったのは、自分のことを「発達障害」という枠の中だけで捉えてほしくない、という思いからでした。実際、３年生までは、親ができるサポートと先生方の大らかなご理解などによって、取り出し個別指導でフォローしてもらいながらも、発達障害は「言わなきゃ分かんない」レベルにまで、学校にほどほどに適応できていたのです。

ところが、４年生になってから、学習面が急に難しくなり、他のお子さん達の目覚ましい成長、思春期入口の友達関係の複雑化などに伴って、周囲から要求されるハードルが急に高くなりました。それに対し、本人のゆっくりペースの成長が追いつかず、発達の凸凹による段差が急に広がりつまずきが増えてしまいました。本人は変わらなくても、環境との段差によって「障害」状態を行ったり来たりになりました。

そして、私が「告知しよう」と思ったきっかけは、今まで自分だけの世界に住んでいた長男が、少しだけ周りが見えるようになってきて「なんでこんなこともできないんだ！　おれのバカヤロウ！」と自分に苛立ち、自分の頭をボカボカ殴っていたのを黙って見ていられなかったからです。私は長男なりにすごくがんばってきたと思いますが、やはり「努力では乗り越えられない壁」というものも現実にあります。そこを「あなたの努力不足のせいなどではない」と、伝えたかったのです。

周りが少し見えるようになったのは成長の証ですが、周りと自分との違いに気づくようになると、「自分はなんだか皆と違う」とか「フツーにしなくては」などと、今後さらに疑問やプレッシャーを感じ始め、せっかく、一見当たり前のようながんばりをほめ・認め、スモールステップでできることが増えて、長男なりに自信がついてきた矢先、また自信を失ってしまう可能性が高いこと。

それから、本人用のパソコンで、自分でそういった情報にいつでもアクセスできるため、ネットの中にある誤解や偏見に基づく情報や、「発達障害」に対して悪意のある書き込みなどに無防備に触れて傷ついてしまう可能性があることや、「発達障害」に第一印象でネガティブなイメージだけ持たれてしまう恐れがあること。

そして、私のサポートや療育も、今まで自然にさり気なく、私が「できる範囲で、できること」を、本人が療育されていることに気づかないほどに、楽しみながらできる仕掛けを考えてやってきたけれど、今後は長男自身が、自分を理解し、凸も凹も知った上で、自分との上手なつき合い方を身につけ、自分の意思で自分の人生の選択をしながら歩いてゆく必要があること、などを踏まえて、伝えることにしたんです。

つまり、私が思う、告知したほうがよいタイミングと条件は、

- **本人が周りとの違いに気づき始めた頃**
- **発達の凸凹と環境との段差が「努力では乗り越えられない壁」になっていること**
- **自分自身のことに興味を持ち、できるようになりたいという意欲があること**

といった材料が揃っていれば、告知することは、その子にとって「自信になる」選択になると思います。

97

「発達障害」のことをどう伝える?

「告知絵本」を作って伝えてみた

実際に、私が長男に「発達障害」をどう伝えたかというと、「告知絵本」を作って渡すという方法にしました。視覚情報の受け取りのよい長男には、口で説明するより、書いて形にして伝えたほうが理解しやすく、何度も見直せるからです。

この「告知絵本」には、一般的な「発達障害」のことや、長男自身の特徴をできるだけ実体験のエピソードと、分かりやすい言葉とイラスト、エジソンの伝記マンガのコピーや赤ちゃん時代の写真なども貼って、ノート一冊にまとめました。ポジティブな情報は可能な限り、具体的に入れました。実際に今までやってきた工夫の実例や、苦手なことや短所も見方を変えれば「いいところ・長所」になること、発達障害の特徴があっても活躍している著名人など。そして、かあちゃんもとうちゃんも小さな頃からちょっとそんな特徴があったけれど、今はこうして仕事や子育てをしているという「身近な実例」を示しました。また、正直な長男への注意点として、「発達障害のことを話してもいい人」を実名で挙げて、うっかりクラスの似たような特徴のあるお子さんなどに、勝手に告知しないように配慮しました。

「告知絵本」を見た長男は「ふ〜ん」という感じで、さほど違和感なく、さらりと受け容れた気がします。それには、今までのサポートと工夫の積み重ねで、「苦手なことも、こうすればできた」経験や、親の私が発達障害をネガティブに捉えていないこと、両親もなんとか仕事や家事、子育てをしていること、などが大きいと思います。

告知をする際に『自閉症・アスペルガー症候群「自分のこと」のおしえ方ー診断説明・告知マニュアルー』（吉田友子・著／学研）という本が、大変参考になりました。また、『発達と障害を考える本　ふしぎだね!?』（ミネルヴァ書房）シリーズも子ども向けのイラスト付きの説明と身近な工夫があり、分かりやすかったようです。

告知をしたからといって本人は何も変わりませんが、現在は、私が今までやってきた「親のサポート」が、じょじょに「自分のサポート」になるよう長男に直伝しながら、「自分とのつき合い方」をゆっくり身につけられるようにしているところです。

「障害」って何だろう
— 自作告知絵本より、伝え方の例を抜粋 —

障害というのは、「障害物競走」の障害と同じ、ハードルのこと。例えば、とうちゃんも、かあちゃんも、メガネをしているよね。もし、かあちゃんが「車を運転したい！」と思った時に、視力が弱くて運転免許がもらえなかったら、それは「障害」だね。身体や脳や心の得意・苦手があって、やりたいことができなければ、それは「障害」になるよ。

でも！　メガネをかければ運転できるよね。

……ということはかあちゃんは、
・メガネのない時は、運転できないから「障害がある」
・メガネがあれば、どこへでも運転して行けるから「障害がない」

そこに「障害」があるかないかは、工夫で選べることも多いよ。

そして、その人の得意・苦手だけでなくて、「障害」があるかどうかは、その人のいる場所（環境）でも、違ってくるんだよ。例えば、水色のヒマワリがあったとして……周りが、全部黄色のヒマワリ畑だったら、すごく目立つけど、もし、赤とか緑とかレインボーとか、色んな色があれば、水色は「フツー」かもしれないね。

「周りと違う」ことで、イヤな思いをしたり、学校に行きたくなくなったり、ムリヤリ「フツー」になろうとして疲れてしまったりしたら、それは、その場所では「障害」があるのかもね。

自分が周りとちょっと違っていても、その場所にいるが楽しいのなら、そこには「障害」はないよ。

だから、「障害」がもし今あっても、工夫したり、環境が違えば気にならなくなるし、自分らしく、やりたいことができるんだよ。

98

できない自分に苛立っているみたい
↓
親しみやすい例で理解させる

長男にはよくあることですが、ある時「いいこと思いついた！」とひらめいて即行動したものの、不器用でうまくいかず、プチかんしゃくを起こしました。

そこで、ほどほどに落ち着いたところで、マンガ『ドラえもん』の、のび太君と出木杉君のイラストを前出の「母レター」に描き、こんなふうに説明してみました。

「○太郎の頭の中には、のび太君と出木杉君が一緒に住んでいるとするよね。ただし、マンガと違って、出木杉君はちょっとあわてんぼで、のび太君はヒマが嫌いな元気な子かもしれないね。でね、出木杉君は『目の担当』、のび太君は『手の担当』で、○太郎を操縦しているとするでしょ？　そうすると、出木杉君がいいこと思いついても、のび太君がスピードについていけないことがあるんだよね。それから、出木杉君がやる気を出しても、のび太君が思ったとおりにうまくできないこともあるね」と伝えると、長男は自分の頭を叩いて「のび太なんかいらない！　出て行け!!」と言うので（親も見ていて切ないものです）、「のび太君も出木杉君も、どっちもいないと困るんだよ。かあちゃんはどっちも大事だと思ってるよ」と伝えると、合理的な彼はポカンとして「のび太もいるの!?　なんで??」と、驚いた様子でした。

そこで、「マンガと同じで、○太郎ののび太君も、本当は出木杉君のできないことがいっぱいできるし、2人は二人三脚だからどっちも必要なんだよ」と伝えました。

そして、「出木杉君のスピードが早過ぎてのび太君がついていけない時は、『ちょっと待って』ってお願いししてみてね。ゆっくりやればのび太君はできるから、出木杉君はちょっと待ってあげて」「それでもうまくいかない時は『ママえもん』もいるから（笑）」と、セルフコントロールの仕方を伝えると、腑に落ちたようです。また、最近では自分のことをパソコンの構造にたとえて説明したりもしています（10ページ㉖ダウンロード可）。

本人の興味関心に合わせて、分かりやすいたとえで、その子の個性を説明してみると、自分とのつき合い方が、だんだん掴めてくるかもしれません。

99 自分のことを決められない↓「ソントク勘定表」で判断する

子どもが何かを決める、選択する時に、分かりやすくメリット・デメリットを見比べて、判断材料を検討するためのワークシート「**ソントク勘定表**」を作りました（11ページ㉗ダウンロード可）。

うちの長男は、以前は印象と直感で即断即決派だったのですが、最近何かを決める時、選択に迷ってなかなか決められないという姿が見られるようになりました。これは、少しずつ経験が増えてきて、「こうすればこうなる」「でも、こうなる可能性もある」と、先のことの見通し力が少しついてきた、成長の証なのかもしれません。

でも、気になることがあると、自分にとって都合のよい情報か、ネガティブな情報、どちらかのみにフォーカスしがちなので、後悔することもよくあります。

何事にも、メリット・デメリットがあるので、冷静に客観的に判断材料を両面から、よく考えて検討できるように、記入式の一覧表にしたのです。ソン・トク、メリット・デメリットを思いつくだけ書き出し、さらにそのことの重要度を自分で点数をつけて、合計を比較します。納得できるまで検討し、自分で決めたことであれば、結果にかかわらず、後悔することは少ないと思います。

また、うちでは今まで、長男に何かを説明する時、抽象的な「人のメーワクになる」などは伝わりにくいため、いつも合理的に伝えてきましたが、それをさらに表で理由を見せながら、数値的に示して説得材料にすることもできます。

長男はこの方法を結構気に入っていて、日常のちょっとした選択の時、たとえば、今日は友だちとあそぶ・あそばないとか、欲しいものがあるけど、今、買う・買わない、とかで迷う時に「かあちゃん、アレ出して、アレ！」と表を書くようになりました。

このように、ものごとを両面から見るクセをつけておくと、表がない時でも少しずつ頭の中でそれを行えるようになってきたので、自分を上手に運転するためのアクセルとブレーキの使い方を、本人のペースで次第に身につけてきているように思います。

100

ずっと親が支えてあげたいけど……
「困っていること分別相談シート」

今までお伝えしてきたように、私は子どものことを「できる範囲で」サポートし、学校や、周りの方達からの理解と配慮をお願いしながら、ここまでやってきました。でも、本当に想像したくない現実ではありますが、親はいつまでも元気で、永遠に子どもと一緒にいられるわけではありません。また、中学以降になると、親の目と手が届きにくく、学校にも親の介入よりも、本人の意思を自分の言葉で伝えたほうが、印象がいいかもしれません（それでも、まだまだ親の出番はあるでしょう）。

だから、私が元気なうちに、周囲の理解と配慮が必要な時は、自分で伝えられるように導いておきたいのです。このように、障害のある子・方が、自分で説明し、理解と配慮をお願いするのを「セルフアドボカシー」というそうですが、長男の場合、

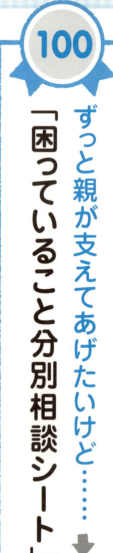

- **考えがまとまらない**
- **優先順位をつけるのが苦手**
- **言葉で、筋道を立てて分かりやすく説明できない**
- **妥協や臨機応変が苦手**

といった理由から、「セルフアドボカシー」は、なかなかハードルの高い課題でもあります。

そこで、他のことと同様スモールステップで、最初は親が一緒に手伝いながらじょじょに自分でできるように、まずは、自分の困っていることを整理し、それを相談して、配慮をお願いする時の助けになるよう**「困っていること分別相談シート」**を作りました（11ページ㉘ダウンロード可）。

うちの例を挙げます。長男は、1年以上前から、この夏にあった学校の野外活動（林間学校）の宿泊体験をずっとイヤだイヤだと言い続けていたのですが、話をよく聴くと、すべてが「絶対イヤ！」というわけではなく、担任の先生の熱心な働きかけもあり、多少は興味もあるようなので、私が無理と決めつけずに、できることはやってみることにしました。

【「困っていること分別相談シート」の使い方の例】

・まず、私が資料を元に、ふせんにすべての日程のスケジュールを書き出す
・それを長男がシートの「できること」「心配なこと」「無理なこと」に仕分ける
・「心配なこと」「無理なこと」は、まず家で話を聴き、解決できそうなことは提案してみる（一緒に宿泊施設のＨＰを見て説明、等）
・家で解決できなかったことは、本人が学校で先生にシートを見せながら相談
・先生の説明や配慮で、できそうな気がしたら「できること」にふせんを移動

長男もシートを手元にすれば話しやすく、先生も見ながらだと、伝えたいことが分かりやすく、具体的に対応していただけ、無事参加することができました。

何かやりたいことがあっても、不安や怖れが強くてできない、「努力では乗り越えられない壁」があって、最初から諦めてしまう、ということは、どんな人にもあります。小さなことからでも、自分で考え、自分の言葉で伝え、自分の人生を切り拓いていけるよう、私が元気なうちに、少しずつ一緒に練習しています。

101 才能を伸ばしてあげたい！ 才能を伸ばす以上に大事なこと

好奇心が強い子や、一つのことにこだわって探究し続ける子は、その道のプロとして、才能を開花できる素質が強いと思います。もし、お子さんに突出した凸の部分があったり、無我夢中になれるものがあったりすれば、親が期待する気持ちが高まるのも、自然なことだと思います。「一点突破」で、進学や就労のプラス材料になるかもしれませんし、「これだけは誰にも負けない」という自信があるのは、精神面でも強みになります。

私も子ども達の発達の凸やこだわり、好きなことへの興味を「いいところ」として、お伝えしたように、制限を設けず自分で好きなだけ、のびのび伸ばせるように環境を整えています（好きなことに関しては、ほっといても勝手に伸びていきます）。

でも、才能を伸ばす以上に大事なのは、「それをどう活かすか」です。もし、どんなに素晴らしい才能を伸ばせても、親としては警察にお呼ばれされてはたまったものではありません。現在、思春期の入口の長男は凸と凹の差が激しく、頭では分かっているのにできないと、「分かってもらえない」不満を抱えがちです。

でも、「怒り」や「悔しさ」の爆発的なエネルギーで、驚異的な集中力や粘り強さで壁を乗り越えてしまう可能性もありますし、「怒り」そのものは否定せずに上手につき合うものと思っています。そんなタイプの子が、好奇心やこだわりから、好きなことにひたすら邁進し、とてつもない技術と知識を身につけたとして、人生の中で壁にぶつかり、強くネガティブな感情を抱いた時……それをどう使うかは、その子が「この世界、そして自分を好きかどうか」に、かかっているように思います。

ある日、長男と一緒にネットで読んだサイバー犯罪のクラッカー、ケビン・ミトニック対ホワイトハッカー、シモムラ・ツトムの記事（＊１）がとても面白く、希代の天才ハッカー同士の手に汗握る直接対決のこの話に、毎日パソコンに没頭している長男はすごく惹かれ、難しい用語も出てくる長文をＰＣの音声読み上げで最後まで聴いていました（この話は「ザ・ハッカー」という題で映画化等もされています）。

（＊１）ハッカーの系譜②　ケビン・ミトニック「ホワイトハッカー『シモムラ・ツトム』との対決」（ライター／牧野武文、THE ZERO/ONE 掲載）

ハッカーというのは、パソコン・スキルがスゴイ人という意味で、必ずしも犯罪者ではありませんが、その技術を悪用すればクラッカーと呼ばれ、善用すればホワイトハッカーと呼ばれます。でも、面白いのは、この2人は性格も似た者同士で、高いプログラミング技術で、好奇心から同じような公《おおやけ》にできないものを作っているのです。

私は、たとえ同じものを持っていても、それを善用するか、悪用するかは、一度でもいいから、親の愛情を実感できたか、周囲と信頼関係を築けた経験があるか、自分を受け容れ好きでいられるか、世界を少しでも肯定的に見られるか、で決まるように思います。わずかな経験の差でその子の人生に天地の開きがあります。

そこで、この記事から私が感じたことを、「母レター」に絵と図で描きました（7ページ⑲）。これは、長男の心に残ったようです。

「自分をキライってどういうこと？」と言っていたので、今のところ自分をキライではなさそうで、なんとなくほっとしましたが……でも、子どもに「自分を好きになれ」と言っても、なりません。

その辺を分かってもらえるまで、あの手この手で、本人の心に届いたことが実感できるまで、「できる範囲で」毎日気長に愛情をしつこく伝え続けます。

102

きょうだい児には、どうしたらいい？

インクルーシブ育児のすすめ

ここまで本書であまり出番のなかった長女のことをお話しします。

長女はもうすぐ1年生。着る服へのこだわりや、苦手な音や色があるなど、やや感覚の過敏性があります。空の雲の陰影に魅了されて、「うわあ、のりたいねえ」といつまでも眺めていたり、お絵かきが好きで色彩感覚や想像力の豊かさを感じます。ですから、いわゆる「定型発達」ではなさそうですし、きまぐれな気分屋で、時々意志が強いところもあり、決して「育てやすいラクな子」ではありません。

でも、幼稚園には楽しく通えていて、お友だちも多く、世話好きで明るく優しい性格で、今のところ、大きなトラブルはありません（だから、ネタもあまりないのです）。**私は、長女のように多少の発達の凸凹があろうと、その場所が楽しい居場所で**

あるなら、そこには「障害」はないと考えています。

このように、長女が環境に適応できているのは、もともとの開放的な個性もありますが、小さな頃から、兄達と同じように、分かりやすい接し方を意識しながら、環境の調節や療育あそびや工夫を自然に続け、毎日怒りっぱなし、怒られっぱなし、という事態を避けられたからだと思っています（でも時々は、長女にも雷が落ちます）。

そんな長女も、私が毎日兄達の宿題にマンツーマンでつき合っていると「お兄ちゃん達ばっかりズルイ！」と言います。公園あそびなども気長にはつき合えず、「そろそろお兄ちゃん達帰ってくるから」と早々に切り上げたり、お友だちとのあそびは延長保育頼りになったりと、ガマンしてもらう、合わせてもらうことも多いのです。

親はどうしてもより手のかかるほうの子に、時間もお金も、そして愛情もつぎ込んでしまいがちです。そして、発達障害のあるきょうだいのトラブルに巻き込まれたり、お世話係になったり、きょうだいのことで周りの視線が気になったり、と寂しい思いやつらい思いを人知れずし、それでも、毎日大変そうなお母さんには言えない、甘えられないという場合も、発達障害のある子のきょうだい児にはあるようです。

きょうだい児には、きょうだい児の自分の人生がありますし、お母さんを独り占めしたい時だってあるんですよね。

そこでうちでは、長女が「できる範囲で」合わせてくれたり、ガマンしてくれたら「ありがとう」と伝えています。

学校でのトラブルや疲れから、朝兄達を車で送っていくと、妹の登園時間に影響が出ます。その時には、長男・次男から出発前に、長女に必ず「○子、ありがとう」と、感謝を伝えるのがうちのルールになっています。

私は、誰もが障害のある子・方に理解のある、温かで大らかな社会になることを強く願っていますが、現実的には、障害のない子が障害のある子に一方的に合わせ、自分だけがガマンし、そこにメリットや感謝の気持ちが何も感じられなければ、障害に対する理解や支援を得難くなったり、不満・嫉妬や反感、負担による疲労やストレスから、差別や偏見、いじめの芽になってゆく心配も出てきたりするかもしれません。

実は、どんな子にも凸凹やこだわりはあります。そこを他の子に譲ったり合わせたりするのは、誰でもそんなに簡単なことではありません。一見何の障害もないように見える「フツーの子」の気持ちをほんの少し想像できるようにすると、譲ってくれたこと、合わせてくれたことに感謝を伝えたり、自分に「できる範囲で、できること」

はしつつ、多少の妥協ができれば、お互いに「歩み寄り」ができます。
また、発達障害のある子に対する肯定的な接し方や、学習や生活やソーシャルスキルの丁寧な教え方は、どんな子も伸ばせる優れた手法だと、私は思っています。そして、初めにお伝えしたように、本当は「フツーの子」は一人もいません。どんな子だって特別で、大人の丁寧な関わりを必要としています。

障害のある子もない子も同じように大事にしてあげる、本当の「インクルーシブ育児・教育」(＊1)で、それぞれの子の持っている力を伸ばすことができます。そして、少し先の未来は、発達障害対応が自然とできる子・方が社会に増えていたほうが、誰もがずっと生きやすい世界になっていると思います。

このところ私が、長女の幼稚園の持ち物やお迎え時間を忘れるなど、うっかりミスを連発していたら、長女が「まま！　これを見れば、忘れないでしょ!?」と、イラストで「ままのお支度リスト」を作ってくれました（12ページ㉙）。

いろいろと子どもの目の前でやって見せてきたことは、娘の中にしっかり根付いているんだな、と嬉しく思った出来事でした。

(＊1)「インクルーシブ教育」とは、それぞれの個性や学び方に合った配慮を受けながら、障害のある子もない子も、同じ通常学級の教室で一緒に学ぶこと。

103

いつまで声かけすればいいの?

「続・声かけ変換表」で卒業する

前著でも大変好評だった「声かけ変換表」ですが、実は「続き」があります。

私も日々の育児の積み重ねの中で気づいたことですが、「声かけ変換」は、子どもに伝わりやすいのと同時に、私のペアレント・トレーニングでもあるのです。スタートは、大変な育児を効率よくするために、まずは言葉だけでもというところですが、実は「声かけが必要なくなる」ところがゴール、つまり、卒業です。

前回の「声かけ変換表」は、具体的に子どもの興味関心に合わせ、肯定的な言葉に変換して、「できた!」を増やし、親子で自信を回復していく声かけでした。

ではその続きの、「続・声かけ変換表」（16ページダウンロード可）の解説です。

【勇気づけ、できているところを見る声かけ】

子どもができるようになったことを、定着するまで続けられるよう、認めて励ます。親子で、できているところにフォーカスする練習。ポイントは、

・できているところを見る

・比較は本人自身とし、過程や進歩をほめる、認める

成長に伴い、子どもが周りとの違いに気づき始めると、親の「すごいね」「えらいね」では満足せずプレッシャーに感じることもある。また、お母さん同士の何気ない会話も結構理解していて、配慮が必要。その子なりの意欲や進歩に気づくのが大事。

【周りを見て、状況判断を促す声かけ】

定着してきたことを、状況に合わせて自分で判断できるように、促して、気づかせる声かけ。ポイントは、

・具体的に視線を移動させて、周りに気づかせる

・記憶を思い出して、自分で考えるための手がかりを与える

周りを見て行動するのはまだ難易度が高いため、具体的に何を見ればいいか気づかせる。臨機応変が苦手でも、少しの手がかりで思い出し、次の行動を考えられる。

【自分で考え、手を離してゆく声かけ】

短い言葉や視線だけで、子どもが自分で行動できるようにするのと同時に、親も、子どもから離れて見守るための練習。だんだんと手を離していくための声かけ。

「声かけ変換」を続けていると、いつの間にか、私も子どもを肯定的に見るクセがつき、子どもにも自分にもハードルを下げて、大らかに見守るペアレント・トレーニングになりました。「声かけ変換」は、決して言葉のアヤではありません。親子の気持ちのスレ違いを、まっすぐ伝わるようにするだけです。そして、親の意思が伝わった後にどうするのかは、子ども自身が自分で考え、決めて、行動してゆくことです。

とはいえ、うちもまだまだ私の声かけが必要で、親離れ子離れも、もう少し先のようです。

丁寧な子育てが必要な親子さんは、ちょっとだけ遠回りになるかもしれませんが、なんでもこの繰り返しで、ひとつひとつ、できることが、確実に増えてゆくと思います。そして、「お母さんのお仕事」も、ほんの少し減りますよう、応援しています。

8 章

人づき合いがしんどい時の処世術編

104

人づき合いが苦手

「できない目線」の私自身の療育

この章の最初にお伝えしておきますが、私はものすごく人づき合いが苦手です。面倒だし、疲れるし、煩《わずら》わしいし、できれば一日中家にひきこもりたくなることもありますが、毎日幼稚園の送り迎えで会うママ友さん達や、学校の先生との連携や、子どものお友だちのお母さんとのおつき合いなど、子育てにまつわる対人関係は避けては通れませんし、ご近所や親戚づき合いも、できれば無難にこなせたほうが何かと安心です。何より、たとえずっと家にいても、夫とは毎日会う上、この先「子はかすがい」が巣立ったあとも、何十年も一緒に過ごすことになるわけですから（たぶん！）。

ですが、正直、私のもともとの対人関係のスキルは人並み以下でした。ASDとADDの傾向があり、それまで、対人関係のスキルを「自然と学ぶ」ことができず、い

い歳して相手の目を見て挨拶することもロクにできませんでした。

でも、子ども達にソーシャルスキルを教えるためには、まず、自分がそれを理解し、実践して目の前でお手本を見せる必要に迫られたのです。子ども向けのSSTの本、水島広子さんの著書等を片手に、本当に基本的なところから試行錯誤し、自分にとってちょうどよい、人との距離感が分かり、少しずつ楽になっていきました。

そう私は、アラフォーになってから、自分自身を療育し直したのです（だから、何歳でも「療育が遅過ぎることはない」、と断言できます！）。

そして、社交的な方なら自然に当たり前にできることも、ひとつひとつ、自分自身に再度プログラミングするように、それまでの思い込みを書き換えながら練習したので、子ども達に「できない目線」でソーシャルスキルを分かりやすく丁寧に教えることができるようになりました。それでもやっぱり、今でも人づき合いに苦手意識はありますが、今のところ対人関係の大きなトラブルもなく、以前ほどには疲れ過ぎずに、たまにはおしゃべりも楽しみながら、ほどほどに日々をやり過ごしていられます。

私の「できない目線」の対人関係の処世術は、きっと同じようなお母さんや、大きくなられたお子さんの、お役に立てると思います。

105

ママ友とのおつき合いが難しい

↓

「職場の同僚」の距離感でOK!

子どもが就学前、特に幼稚園ママは、「ママ友」とのおつき合いが密になります。ところが凸凹育児の場合、大変過ぎて気持ちや時間に全然余裕がない、公園の井戸端会議も子どもが走ってどこかに行ってしまったり、「トラブルを起こすのでは」と気が気でなかったりして、会話をまったく楽しめないこともあるのではないでしょうか。我が子が原因のトラブルが多いと、なんだか肩身も狭いですしね。

加えて私は、人の顔と名前を覚えるのが苦手な上、数回話しただけで打ち解け、名前で呼び合い、子ども抜きでお互いの家を行き来し、ランチやお茶会に誘う、などという、ママ友同士の親密な距離感に恐れをなして、つき合い自体を避ける傾向がありました。今でも娘に「ママ、いつもおばあちゃん達とお話しするばっかじゃなくて、

1 親子あそび編
2 生きる力・考える力編
3 ソーシャルスキル編
4 友だち関係といじめ対策編
5 学校との連携編
6 こだわり・かんしゃく編
7 セルフコントロール編
8 人づき合いの処世術編

お母さんのお友だちも作ったら？」と促される始末です。そして以前は、たまたま公園の立ち話の輪に加われても、寝る前に、あれやこれやとその日の自分の発言や態度に対し、悶々と反省会をして眠れないなんてこともありました。

私は、お母さんグループでのお話は、情報量がとても多い上に、一体誰を見てどのタイミングで話せばよいのか分からず、処理能力が追いつかずに帰宅後とても疲れてしまうのです。そして、「子どものためにも、ママ友とは仲良くできなきゃいけないのに」と思い込んで、さらに落ち込んでいました。

ですが、「幼稚園のママ友は、同じ時期に近い場所で子育てしている同業者で、職場の同僚みたいなもん。ほどほどにつき合えれば充分。無理に『私の』友だちにならなくてもいい」と思うようになってからは、ママ友との距離感に悩む時には「それがもし、会社の職場の同僚だったらする？／しない？」と当てはめて考え、あまりおつき合いに無理をしなくなりました。そして、職場の同僚同士でも、気が合う人とはプライベートでの親交に発展する場合もあるように、ママ友さんの中で**「子どものため」ではなくて、「もし気が合う人がいれば1対1で個人的につき合えばよい」**と線引きをしてから、気がラクになりました。

また苦手な立ち話も、子育てで傾聴のスキルを身につけたおかげで、会話に困ったら、「そうかあ」「それで？」という相づちを打つか、相手の話を復唱するだけですみ、会話の内容もほどほどに忘れられるので、寝る前の反省会もなくなりました。

そして私が、**最低限の日常業務としているのが「挨拶だけはする」です。**

「おはようございます」と「こんにちは」だけでいいので、できるだけ相手の目を見てはっきり聞こえるように意識しています（ただし、相手の目を見るのがしんどい時は、鼻先や眉間の間に視点をズラしたり、連れているお子さんのほうを見たり、誰だかよく分からない人には、会釈や黙礼だけでもいいことにしています）。

たったこれだけで、相手に敵意がないことを伝えられるので、たとえ、ぼっち力の高い私でも、完全に孤立することもなく、分からないことは誰かに聞ける程度の関係は維持できます（自分では、これさえできれば上できだと思っています）。

そんな私の、上の子の入園から下の子の卒園まで8年間の幼稚園の送迎生活を通じたお勤めも、この春で無事、円満退職です。何年もメールアドレスの交換もせずに、ずっと「同僚」のままだったお母さんも多いですが、子どもの成長をお互いに見守り続けてきた職場の同僚は、今では「戦友」のように思っています。

106

子どものことでママ友とギクシャクする

↓

子どもの人間関係と親同士は別

子ども同士の友だち関係というのは本当に流動的で、ちょっとしたことで仲良くなったり、離れたりを繰り返していますし、トラブルがあっても仲直りできたり、できなかったりもします。そのたびに、相手のお子さんのお母さんと仲良くなったり、気まずくなったりしていたら、自分も振り回されてしまう上、そういった不安定な人間関係そのものが相手に対する不信感を抱くきっかけになり、これが「ギクシャクしている」状態なのではないかと思います。

私は**「子どもの人間関係を親同士の間に持ち込まない」**ことを心がけています。それには、「子どものこと」と「自分のこと」を分けて考えるようにしています。同様に、「相手の子のこと」と「相手の子のお母さんのこと」も分けるようにしています。

たとえば、うちの子とお友だちとの間でケンカがあった場合、うちの子に目に余る行動があった時には子どもと一緒に謝りますが、そこで、「できる範囲で、できること」をしたのなら、あとは、必要以上に引け目を感じて気を遣い過ぎないようにし、逆に、相手のお子さんにも問題があるように思えた時でも、その子のお母さんの育て方のせいと決めつけないようにして、自分も相手も責めないようにします。たまに、以前の私のように、お母さんの愛情がお子さんにまっすぐ伝わっていないと感じられる場合もありますが、それでも「きっと、頭では分かっていても、そう簡単にはできない事情があるのだ」と思い直しています。そして、子ども同士が仲直りできてもできなくても、私は平常運転を心がけます。

うちの子がまだわだかまりを抱えていても、気持ちは受け止めつつ、子どもと同じ行動をとらないようにします。そして、相手のお母さんには「いつもどおり」を淡々と続けます。相手の出方がどうであれ、それまで、そのお母さんと挨拶程度の関係であれば、自分は挨拶程度を続けますし、子ども同士がうまくいかなくても、自分がそのお母さんを一人の個人として素敵だなあ、仲良くしたいなあ、と思っていたら、それまでと同じように話しかけ続けます（私は、日頃から、子どものお友だちのお母さんを「○○君のお母さん」「○○ちゃんママ」等と呼ばず、たいていは名字に「さん」づけ、ごく一部の親しい方だけ、名前に「ちゃん」づけで呼んで、個人として見るようにしています)。

こうして、淡々と自分だけでも「いつもどおり」を心がけていると、たとえ、最初は向こうが気にしていても、たいていは、次第に以前の状態に戻ることができます。

もし、こちらができることをした上で「いつもどおり」を続けても、まったく元に戻れない場合には、相手のほうにもよほどの宿題があるのだろうと考えて、自分を責めないようにしています。そのような難しい宿題のある方とは、会釈でもいいので、挨拶だけは続けつつ、それ以上に親しくなることは期待しません。

こうして、その気持ちや抱えている宿題が「誰のこと」なのか、自分のことなのか、うちの子のことなのか、相手の子のことなのか、そのお母さんのことなのか、を見極めて線引きをし、分けて考えることで、必要以上に自分も相手も責めずにすみます。そして、子どもの人間関係に巻き込まれずに、相手に対する態度をできるだけ安定させることで、自分の人間関係は安定させることができます。

107

できる子・ママを見ると落ち込む

↓

比較する言葉を抜き、認める練習

私はマイペースなほうなので、もともとあまり他人と自分を比較しませんが、それでも子どもの発達のことは気になりますし、優秀なお子さんや立派なお母さんの話を実生活や、ネットやテレビで見聞きすれば、うちの惨状を前に、焦りやプレッシャーを感じたりもします（もしかしたら、本書や私の発信で、そう感じられる方もいるかもしれませんね。安心して下さい。私もグダグダな時、いっぱいあります！）。

私は、他人の様子が気になり出したら、「自分に自信をなくしている証拠」と受け取っています。つまり、相手の宿題ではなく自分の宿題として考え、今の私でもできることを続ければOKです。

また、体質的にネットやテレビに溢れる大量の情報も、無選別に受け取ってしまい、疲れている時にはそれだけでも負担になるので、シンプルですが「落ち込んでる時は見ない」という選択で、自分を守っています。

そして、「続・声かけ変換表」の「○○君、すごいね。うちの子なんて……」↓「○○君、すごいね」と同じように、立派なお母さんが気になったら「○○さん、すごいわ。私なんて……」↓「○○さん、すごいわ」と、**自分と比較する言葉を付け加えないように意識していると「人は人、私は私」と線引きできます。**

また、自分と違った立場や考え方の人でも、うちの子同様、いいところやできていることを部分的にでも認める練習をしています。どんなお母さんでも、毎日育児をがんばっていることは同じですし、自分と違ったやり方の人がいても、それは自分のやり方への否定ではありません。発信活動を続けていると、批判的なご意見もたまにいただきますが、それも、立場や優先順位、子どもの個性が「うちと違うだけ」で、理解できる部分、よいと思える部分を見つけ、たいていは「いいね！」しています。

実は、こだわりの強い私にとって、自分と違う人を認めるのは、そんなに簡単なことではないのですが、人を認める練習を気長に続けるうち、だんだんと許容範囲が広がって、多少は心が寛容になり、人の言動にも左右されにくくなってきました。

108

うち、近所迷惑!?

ご近所づき合いのポイント

ご近所や地域の方と上手なおつき合いができると、日頃から子ども達を温かく見守って下さったり、万が一の事件事故・災害などの時も、何かと心強いです。そこで、人づき合いの苦手な私でもできた、ご近所づき合いのポイントをお伝えします。

・**挨拶する**（「おはようございます」「今日は寒いですね」など）

・**感謝を伝える**（「いつもありがとうございます」「助かります」など）

・**子どもの気持ちや様子を伝える**（「おばあちゃんと話せて、嬉しかったようです」「先日いただいたミカン、○次郎が『おいしい』って全部食べてしまいました」など）

・**手土産を渡す**（帰省や家族旅行などの折、両隣とお向かいさんに用意する。できれば子どもと一緒に手渡せるとなおよし）

・ことわりを入れる（子どもの夏休みの前や、リフォーム工事の時には、「しばらくうるさくなってしまいますが、すみません」と一言添えておく）

・体調を気遣う（「しばらくお見かけしませんでしたが、お元気でしたか？」など）

私は、長い立ち話や、家を行き来する親密なおつき合いは苦手ですが、こんな短いひと言や、ちょっとした気遣いで、ご近所の方の印象は全然違ってくるようです。

また、うちは元気な子どもが3人に犬もいて、いつもかなり賑やかな家なので、近所迷惑になっていないかは気になります。そこで、「いつもありがとうございます」「いつもすみません」と、日頃からご近所さんに伝えていますが、ちょっと図々しいかもしれませんが、「すみません」よりも「ありがとうございます」の回数のほうが、キモチ多めになるようにも意識しています（リフォーム工事の時に、防音性の高い二重窓に入れ替えたり、遮音カーテンを使うなどの、騒音への対策も「できる範囲で」しています）。ほんのひと言を意識しながら、ご近所づき合いを負担にならない程度に続けていると、うちの近所はご高齢の方が多いこともあり、子ども達によく声をかけて下さったり、孫のように可愛がって下さって、本当にのびのび子育てさせてもらいながら、母子ともに温かく見守っていただけています。

109

実の親とうまくいかない
↓
子どもの頃の感情を認めてあげる

「大人の凸凹さん」の中には、実の親との関係で悩まれている方も多く、ときには、「こんなふうに肯定的な言葉で育ててほしかった」「こんなふうに丁寧に関わってほしかった」と苦しいメッセージをいただくこともあり、私も心を痛めています。

そんなつらい状況の渦中にある方に、私ができることは限られてしまうのですが、私自身のことを、少しお話しします。

私は仕事で多忙な母と二次障害のある父、という両親のもと、やや複雑な家庭環境で育ちました。母は明るく快活で愛情深い人でしたが、多忙を極め、親子の充分な時間を得るのが難しく、父はもともと自閉的な傾向があり、本来温厚で繊細な優しい人でしたが、二次障害による心の病で時々不安定になり、気難しく近寄りがたい印象になりました。そして母は長年の過労から寿命を縮めてしまい、父も私が介護をしたあと他界し、今は両親ともに会うことはできません。

そんな私が人の親となり、最初の頃は、初めての子どもを前に、「愛情の表現方法」に参照できる経験が乏しく、あとから本当に基本的なことを学んで身につけていきました。また、育児を通して「発達障害」を学ぶうち、父に対する理解も深まりました。以前は実感できなかった父の不器用な愛情表現にようやく気づけたのです。

それから、記憶をよくよく振り返ってみれば、充分ではなくとも、母は多忙な中、関わる時間をなんとか作ろうと努力してくれたり、父も安定している時には優しく、時々私と一緒に小動物や植物の世話をしたりと、いい思い出も意外とあるのです。

そして、自分が実際に子育てしてみると、毎日お腹いっぱい、3人の子ども達を愛情で満たすことなんて、本当に至難の業です。親の理想どおりの完璧な子がいないのと同じく、子の理想どおりの完璧な親もいません。そう思えてからは、少し気持ちがラクになりましたが、それでも「空気を読み過ぎて、人に気を遣い過ぎる」という小さな頃からの自分の思考のクセがあって、人とのほどよい距離感が分からず、生きづらさを感じていました。

私は、忙しい母に迷惑をかけないように、不安定な父の地雷を踏まないように、一生懸命空気を読んで、気を遣って、優等生になって、ガマンをすることで、そんな家庭環境の中、なんとかサバイバルしてきました。でも、子ども達にセルフコントロールを教えるために学んだことで、「怒り」や「悲しみ」や「不安」などのネガティブな感情は決して感じてはいけないものではない、と知りました。

私はよく子ども時代に、「お母さんは忙しいし、お父さんは病気だし、仕方ないよね」とものわかりよく、心の中でいつも自分に言い聞かせていたように思います。でも今は、当時の家庭の事情は理解しつつも「仕方なかったよね。でも、私は寂しかったね」と、その時の小さな私の感情を認めることができます。

そして今私は、毎日家でお母さんが待っていて、健全で健康なお父さんがいて、当たり前のような安心感の中でのびのび育つうちの子達を、我が子ながら、正直「いいなあ」と思うこともあります。

そんな時は、寂しかった小さな私の気持ちを、子ども達と一緒に抱きしめるようなつもりで大事にしてあげていると、次第に、自分自身に対しても、我が子と同じように、愛おしさを感じられるようになってきました。

1 親子あそび編
2 生きる力・考える力編
3 ソーシャルスキル編
4 友だち関係といじめ対策編
5 学校との連携編
6 こだわり・かんしゃく編
7 セルフコントロール編
8 人づき合いの処世術編

110 周りの理解がどうしても得られない

相手にも「乗り越えられない壁」

うちでも、どうしても周りの人の理解を得られない場合ももちろんあります。私はそんな時、相手にも「今は、努力では乗り越えられない壁がある」と考えます。

実は、「努力では乗り越えられない壁」は、誰にでもあるものです。そして、相手のどうしてもできないことは責めません。相手を責めると自分も責められ、お互いに追い込んでしまいしんどくなります。特に、親と先生の関係が悪くなると、一番つらい立場に置かれるのは毎日学校に行かなくてはならない子どもです。

相手の中に「努力では乗り越えられない壁」を感じたら、無理に正面から勝負せず、とっとと別ルートを探すのが、私の「処世術」です。

どうしても理解が得られない場合、相手側にも相当な理由や事情があります。

たとえば、時間や心の余裕のなさ。完璧主義や、高過ぎる理想、無意識の偏見。相手自身の凸凹傾向、対人関係の問題、自信のなさなどから、他の人を理解し、譲り、合わせることが簡単にはできない場合もあります。これはその人の宿題で、私は解決できませんし、子どものせいでもありません。だから、お互いに消耗したり、子どもの負担にもなるので、ここは無理にがんばりません。「動かない現実」を前にしたら、上手にエネルギーを温存するのがいいと思います。

たとえば、学校の先生などの理解を得るのが難しい時は、

・**もう少しハードルの低いお願いに変更する**（声かけだけなど）
・**時期やタイミングを見たり、別の相手に再度伝えてみる**（次の担任の先生など）
・**第三者に相談し、間に入ってもらう**（スクールカウンセラー、管理職の先生など）
・**専門家の客観的な意見をいただいてくる**（医療・大学の研究機関など）
・**外部と連携する**（支援・療育施設や、塾・習い事などによるフォロー）
・**その人に分かってもらうのはスッパリ諦めて、別のことにエネルギーを使う**
・**家でできることをする**（学習サポートや家庭での療育あそび、心のケアなど）

など、私は別のルートを考えます。ただでさえ気力・体力を使う育児ですものね。

111

苦手な人に「イヤ」と言えない

↓

「好き嫌い」してもいい

いじめやモラルハラスメントを受けても、どうしても自分を傷つける相手を傷つけたくないという、本当に心の優しい子・方に、私から伝えたいことがあります。

優しいあなたへ。（そして、ほんの少し前の私へ）

イヤなヤツにはちゃんと嫌われてあげるんだよ。自分を嫌う人がいてもいいし、誰かを嫌いになってもいい。食べ物と同じで、なんでも好き嫌いなく、「残しちゃダメ」なんてがんばらなくてもいい。

そして、あなたから離れたがらないイヤな人からは、逃げていい。避けていい。その人に愛情をあげるのは、あなたのお仕事じゃないから。

もしかしたら、その人は、お母さんがお仕事をたくさんやり残したままだったり、もらった愛情を全部どこかに置き忘れるような衝撃的なことが、人生の途中であったのかもしれません。

でも、それは、あなたのせいじゃないよね？　相手の宿題なんです。

その人は、小さな人です。

他人の欠点や失敗を責めてないと安心できず、自分を大きく見せないと、存在に自信がない人です。仲間はずれにして「みんな」で攻撃する以外に、友だちの作り方やあそび方を知らない寂しい人です。あなたのような優しくてガマン強い、自分を傷つける心配のない人にしか心を開けず、そして、相手の喜ぶ方法以外のことでしか、愛情表現を学べなかった、臆病で、孤独で、かわいそうな人です。そして、あなたがどんなに言葉や態度を選んでも、小心者で傷つきやすい、その小さな人は、ただそこに素敵なあなたがいるだけで、勝手に比べ、勝手に傷ついていくんです。

もしも、優しく素敵なあなたが、自分の人生を捧げて、愛情を注いであげるほどの価値が、その小さな人にあるのなら、癒してあげるのもいいでしょう。

でもね。周りをよく見て下さい。

愛情を一方的に奪うだけでなくて、あなたにもたくさん愛情を与えられる家族や友人が、すぐ目の前にいませんか？

あなたを守ろうとする、身近な存在が、心配して心を痛めていませんか？

変わらない友人や恩師が、あなたからの便りを楽しみに、遠くから見守っているのではないですか？

何かあれば力になりたいと、近所の人や知り合いも、あなたから頼ってくれるのを、待っていませんか？

あなたと似た心の優しい友だち候補が、遠くでモジモジしていませんか？

あなたを必要としている人はたくさんいます。あなたに力を貸してくれる人もたくさんいます。小さな人から、歪んだ表現の愛情を受け取らなくても、あなたを愛してくれる人はたくさんいます。

イヤな人の冷たくて苦い愛情は、ピーマンと同じで、避けてもいいんですよ。

大好きな人たちの、温かくて美味しい愛情だけ、しっかりいただきましょうね(^_^)

112

世間の目を厳しく感じる
↓
丁寧な子育ては甘やかしと違う

もしかしたら、凸凹さんを育てるお母さんは、難しい子育ての経験がない方に、「甘やかしている」などと言われたら不安を感じることがあるかもしれません。

でも、毎日できる範囲で愛情を伝え、少しだけ丁寧に教え、ハードルを下げる工夫や環境調整をして、ひとつひとつできるようにしていくことは、決して甘やかしではありません。

むしろ、「お母さんが今はつき合うから、自分でできるようになってね」というメッセージで、私は「嫌なこと、面倒なことはやらなくていいよ」とは言わないので、うちの子達からは「かあちゃんの鬼ババア！」と、ぶーぶー言われます（笑）。

私は「子ども本人にしかできないこと」を私が肩代わりすることに加えて、**一見過**

保護とは正反対に思える「ほっておく、見て見ぬフリをする」のも甘やかしだと判断しています（時々はうちでも片目をつぶることもあります）。その子の持っている力を信じて見守ることと、なんでも好き勝手にさせることは、まったく違います。

もちろん、すべての子に、ここまで丁寧に教える必要はないかもしれません。親の愛情さえ伝わっていれば、周りや失敗から学び、自然と伸びてゆける子もいます。でも「周りを見て、自然と学ぶ」が苦手な子はいます。「がんばっても、不器用でできない」子もいます。「教えられたことを、思い出せない、臨機応変に応用できない」子もいます。こういった個性のある子には、「ほっておけば、自然と学ぶ」「がんばれば、できる」「失敗すれば、自分で気づく」は通用しません。

丁寧な子育ては、甘やかしではありません。そして、親にできること、親にしかできないことが、たくさんあります。決して、無力ではありません（でも、お母さんが全部一人でなんとかしようとすると、ノイローゼになります！　責任感の強い方ほど、時々サボりましょうね）。

そして、目の前の子を見て、1年前、2年前のお子さんと比べて、少しでもできることが増えているのなら、自信を持って下さいね。

113

夫との離婚・別居を考えている ↓ 私が友人だったら、止めません

子どもに凸凹傾向があると、夫婦のどちらか、あるいは両方に凸凹傾向があることも多いようです。難しい子育てに加えて、難しい夫婦関係があると、より一層お母さんの負担が大きくなります。特に、夫がアスペルガー・タイプの場合には、妻が「カサンドラ愛情剥奪症候群」と呼ばれる状態になる場合もあるようです。実際に私も、悩んでいるお母さんから詳しいお話をうかがうと「それは、いくらなんでも離婚したくなるよね」と共感することも多く、もし、私が友人だったら、止めません。

では、なぜ凸凹夫婦は気持ちがすれ違いやすいのか、私なりの分析です。

- **ただでさえ、育児負担が大きいことに加えて、夫が育児に非協力的・無関心**
- **強い偏見や思い込みなどがあり、子どもに対する柔軟な理解が夫から得られにくい**

・状況判断や共感力が弱く、パートナーや子どもを思いやる行動がとりにくい
・夫が自分のことを優先しがちで、妻が充分な休息や息抜きができない
・夫に育児の悩みを話しても、聞いてないか、説教される
・妻が夫にすべて合わせ、ガマンし過ぎて、自分の感情を抑え込んでしまう
・とにかく妻が疲れきっている

特に、悩むお母さんを決定的に追いつめるのは、子どものことで何もしてこなかった夫に「お前の育て方が悪いからだ」と責められたり、家庭内DVやモラルハラスメントが続く場合のようです（夫婦の立場が逆転する場合もあるでしょう）。

もし、大事な友人が毎日安心して眠れず心身の不調が出ていたら「子どもの人生と同じくらい、自分の人生も大事にしてね」と私は言うでしょう。子どもの将来を考えると、経済的なことなども気になると思いますが、お母さんの自己犠牲の上に成り立つ人生は、子どもの重荷になるかもしれません。

ただし、ここまで深刻な事態になる前に、できることもたくさんあります。それには、子育てノウハウを応用して、子どもがもう一人増えたつもりで、気長に取り組む必要があるので、以降のページは余裕のある方だけお試しいただければと思います。

114

あの人は一体何を考えているの!?

凸凹同士は国際結婚と同じ！

うちのパパは、アスペルガー・タイプのＡＳＤ＋ＡＤＨＤ傾向があるけれど、日常生活に支障はなく、毎日お元気に好きなことの研究の仕事に勤《いそ》しんでいます。小さな頃はよく動く子で、帰省の折、パパが義母に「子ども達が新幹線でじっとしてなくて大変だった」とこぼすと、「どの口が言うか！」と怒られていました。

そんなパパと私が初めて会った時には、私より年上なのに少年のような瞳をして、恥ずかしそうに待ち合わせ場所に立っていて、うっかり「可愛い」なんて思ってしまいました。凸凹差の大きな人は、大人びたところと純粋な子どもっぽさが同居した魅力がある場合もあるかもしれませんが、これは一種の詐欺です（お互い様ですが）。早めに気づけばクーリングオフできたのですが、あれよあれよと３日後に婚約、一ヶ月後に入籍、1年後に長男出産、その5年後には3人の子どもです。

でも、最初はうまくいきませんでした。パパには、「いつもと同じ」でない結婚生活は大きなストレスで、10年目程でようやく私を見慣れたようです（私もです）。私がカルチャー・ショックだったのは、「世の中には、疲れた時に動くほど、元気になる人種がいる」ことでした。私は、疲れたら部屋でゴロゴロし、静かにじっとしているのが「フツー」だと思っていたのです。ところが、この人ときたら……！

休日のパパは、早朝ゴルフ練習、犬の散歩。家族でショッピングモール（一人別行動）、昼寝のあとランニング。気が向けば子ども達と公園。買い物（自分の分だけ）。2度目の犬の散歩。あとはメシ、フロ、ネル。一体、何を考えているんでしょう。

でも、動いているほうが元気になる人種なのだと知り、少し安心したのと同時に、これが「国際結婚だった」と急に知らされたような驚きがありました。そういうことは、事前に取り扱い説明書にでも大きい字で書いていてくれたらよかったのに。

でも、最初はうまく嚙《か》み合わなかったお互いの凸凹も、ほんの少しの妥協、手抜き、許し、慣れ、あそび、諦め、譲り合い、自分時間……そんなことで、角が削れてじょじょに合うようになってきたように思います。

115

気の利かない夫にイライラするッ！

↓

夫に多くを期待しない

夫育てのコツをズバリひと言で言えば、「夫に多くを期待しない！」です（ミもフタもありませんが……）。 できれば、育児も家事も平等に分担するのが理想ですが、現実は凸凹夫に多くを期待すればするほど、イライラとストレスが溜まります。

夫が「何も言わずに察して、黙って動いてくれる」なんて幻想は早めに諦めたほうが、精神衛生上いいように思います。子ども同様、要求ハードルを下げます。

次は、先述の凸凹夫婦の分析に対応する、私の「夫育て」のコツです。

1　ただでさえ、育児負担が大きいので、夫には自分のことだけはやってもらう

独身時代が長かったパパには、子どもの世話より自分の世話のほうが期待できま

す。こだわりがあれば上手に活かし、「私じゃよく分からないから、お願いしてもいい？」と、自分のことはやってもらうように頼み、「健康的なお弁当で美味しそうだね」「パパのほうが上手だよね」とほめながら定着させます。

2 子どもへの柔軟な理解を得るために、まず夫に柔軟な理解を前払いしておく

子どものことを大らかに見守ってもらうには、まず、夫のことも多少は大目にみます。すると次第に、子ども達にも寛容になってくれます。そして、気まぐれでも、よい行動には「ありがとう、助かるわ」と感謝を伝えます。私は、育児が大変だとパパはほったらかしですが、言葉だけでも体調を気遣い、夕飯に好きなおかずを追加し、時々は夫にも関心のあることを伝え、ゆるめに手綱と財布の紐は握っておきます。

3 パートナーや子どもを思いやる行動は、ひとつひとつ具体的に教えていく

子ども同様、周りを見ながら動くのは苦手なので、具体的な行動や状況を伝えます。たとえば、私の体調が悪くても平常運転で過ごそうとするパパには、「私、今、風邪で熱があるの」と伝え、それでもなんにもしない場合は、そもそも「その場に合った行動」が、まだ入力されてないので「悪いんだけど、冷蔵庫の真ん中の段から、保冷剤をとって、タオルで包んで持ってきてもらってもいい？」と、超・具体的にお願い口調で頼み、できたら「ありがとう。優しいね」と伝えると、それが「優しい行動」だと入力され、だんだん思いやりのある行動がとれるようになってきます。

4　夫の都合に左右されずに、自分は充分な休息や息抜きができるようにする

夫がいてもいなくても、自分だけはしっかり休み、息抜きできるようにしておかないと育児という長距離マラソンは完走できません。自分の休息や息抜きを「夫頼み」にせず、夫の都合に振り回されないようにします。以前は「パパが忙しいと私も全然休めない」と不満でしたが、今では、夫の出張中は手抜き・息抜きばかりでのんびり過ごし、「もっとゆっくりしてくればいいのに」と内心思っています。

5　外部に育児の相談先を確保し、夫にはポジティブな情報だけ伝える

凸凹育児特有の悩みも、言えば言うほどストレスが溜まるのなら、その夫は聞き役として「向いてない」のです。プロのカウンセラーや、聞き上手な友人など、話す相手は選びましょう。その上で、夫には子どものいいところやがんばれていること、小さな進歩などのポジティブな情報をたくさん伝えるようにします。子どものことを遠慮なく親バカ自慢できるのは夫か祖父母だけですし、「今日はすごく暑かったけど、子ども達は学校行けたよ」なんて、一見当たり前のことも伝え続けていると、その子なりのがんばりに気づき、夫の子どもへの目線が下がってきます。

6 自分だけが夫にすべて合わせ、ガマンし、感情を抑え込む必要はまったくない

夫にも子どもにも、ひたすらお母さんが合わせ、ガマンし、すべてを譲ってあげ続けていると、自分の心が見えにくくなる、という弊害が出やすくなるようです。ここは「できる範囲」でいいし、身体に悪いので、時々は自分のために怒ったっていいんです。その際「私はこう思う」と、気持ちを率直に伝えれば、だんだんと「感じ方の違い」を分かってもらえると思います。こうして気持ちを表現することは、妻が自分の感情を回復し、ストレスを溜め過ぎずにすむ工夫にもなるのです。また、「パートナーと歩みよれる声かけ」イラストもご参考まで（12ページ㉚ダウンロード可）。

7 とにかく「自分ができること」を考えて実行し、自分の人生に主体的になる

自分で考え、自分で判断し、自分ができることを続け、最終的に「夫がいてもいなくても同じ」まで、妻が精神的に自立すると、対等でほどよい協力関係が築けます。

子育てと並行した夫育てはラクではありませんが、今ではあのパパも、寛容で頼りになる夫に進化してくれました。

116

夫が子どものことを分かってない！

「息子マニュアル」を作って渡す

うちでは、ある程度私が子どもへの接し方のコツを掴んだら、それをまとめてパパ用の「息子マニュアル」を作りルーズリーフで渡しました。書き方のポイントは、

・図やイラスト、数字等を交えて、具体的に分かりやすく
・肯定形で、できること・やっていいことを書く
・合理的に、療育あそびなどをするメリット・利点などを書く
・お願い口調で、丁寧に伝える

などです。

最初のページの出だしには、こう書いてあります。

「パパへ。いつもありがとう。今のままで充分１００点満点のパパですが、○太郎の育児には少しコツがいるようなので、勉強したことをまとめました」

パパにも、まずは現在のがんばりを認め、「今が100点」からスタートしてもらいます。ただ、当初は「分かりやすい！」と感動していたのですが、1年も経てば、ほぼ忘れています。それでも、私の子育てに文句は言わなくなりました。

実は、「息子マニュアル」作成の真の目的は、日々の育児の「積み重ね」を夫に見せることにあります。毎日忙しいパパは、子どもや私の部分的な様子しか知りません。だから、帰宅した時に、学校で面白くないことがあってモノに当たっている長男や、一日終わって出枯らしのお茶のような妻の姿しか、見えていないのです。そこに至るまでに、その子なりの、私なりの、がんばりがあったことに気づいてもらう必要があります。そして、今にしか目がいかなければ、子どもの姿に「もう○歳なんだから、これくらいはできるハズなのに」と思ってしまうかもしれませんが、今までの経過を知れば、1年前、2年前のその子に比べて、ずっと成長していることにも気づいてもらえます。そこを夫にも「見える」ように伝えるのです。

お母さんがどれだけその子を愛し、どれだけ時間と労力を費やし、どれだけ悩みながらも子育てを続けてきたのか、「証拠」を見せて伝えることができます。

117

夫が家族の話題についてゆけない

↓

「家庭内掲示板」で話題を共有

うちの廊下の壁には、「家庭内掲示板」とメッセンジャー風の「伝言ボード」があり、家庭内ニュースを掲示しています。「掲示板」には、クラスの集合写真や、うちにあそびに来たお友だちの写真、学校の作品、友だちや先生からのメッセージやハガキ等を貼り、日頃仕事で忙しいパパに、子ども達の様子や友だちや周りの人がどんなふうに接してくれているのかを伝えています。

「伝言ボード」は、「家全体の運営に関わる大事なこと」の告知です。誕生日や家族旅行などのイベント、長期休暇、家のリフォームや補修工事の日程など。

見えるように体験を共有し、子どもの人間関係や、今、家で何が起こっているのかを把握できると、夫が家族の共通の話題についてゆけます。

118

子どもの将来に希望を持たせたい
↓
親は生き方の「お手本」を見せる

パパは、自分の好きなことを研究する仕事をしています。大学卒業後、一度は民間企業に就職したものの、もう一度勉強し直して再入学し、ちょっと遠回りをして、研究者への道を歩んだ人です。

うちでは、夏休みにパパの職場が一般開放される日があるので、子ども達を連れて見学に行くことにしています。普段のとうちゃんからは想像つかない、ゴツゴツした機械だらけの異次元空間に目を輝かせていました。そして、学校の勉強だけが「勉強」のすべてではないこと、今は字を書くのが苦手でも、大人になればパソコンで仕事ができること、好きなこと・興味のあることで収入を得られること、どんな仕事も誰かの役に立つこと等、身近な実例で見せることができ、想像以上にパパの職場見学は、子ども達のよい体験になっていると思います。

私も、家でパソコンを使って、執筆と支援活動をしていますが、折に触れて「〇太郎と同じように漢字の苦手な子が日本にはたくさんいるから、うちの漢字表をダウンロードできるようにしたら、『ありがとう』ってコメント貰えたよ」なんてことを、パソコンを覗き込んできた時などに伝えています。

また、必ずしも、毎日通勤電車に乗って、どこかの会社に行かなければならない、というわけではなく、自分に合ったスタイル、ペースでの働き方の選択肢だってあるという「お手本」にもなっています。

親に、多少の凸凹があったとしても、仕事や育児・家事がなんとかできている、という身近なお手本は、子ども達にとって、何よりの将来の希望になると思います。もちろん、必ずしも親が、子どもから見て完璧な理想像ではないかもしれません。それでも、不完全さがあっても、たとえ立派でなくても、毎日を生きている、仕事や子育てを続けている、それ自体が励みになると思います。

子ども達は、親の背中から多くを学びます。よいお手本になれてもなれなくても、どんな教科書よりも、親の生き方は子ども達の勉強になっているのだと思います。

119

お母さんのお腹に戻りたい！
↓
時々、お腹に戻ってくる子ども達

最近の子ども達は、それぞれにその子なりの成長が感じられるようになりました。

小5を支援級で過ごした長男は、学年相応の学習まで進め、小6からは中学受験なども視野に入れながら通常学級に復籍予定で、目標ができてようやく学習面のエンジンがかかってきました。友だち関係のトラブルもずいぶんと減り、多少の妥協やガマンもできるようになりました。家では相変わらずパソコン三昧ですが、時折、一緒に買い物に行くと、荷物を持ってくれたり、疲れている時には肩を揉んでくれたりして、人を思いやれるようになりました。

ガマン強く、なんでもがんばり過ぎてしまう次男は、最近はずいぶんと自己主張ができるようになってきました。自分の感情を出したり、嫌なことは嫌と言えたり、周りの大人に助けを求めることができるようになって、私も大分安心して見ていられるようになりました。気が優しく、いつも女の子達とばかりあそんでいますが、暗くなれば帰り道を送ってあげて、真面目で頼りになるジェントルマンです。

もうすぐ1年生になる長女は、小学校に行くのをとても楽しみにしています。表を見ながらひらがなを書いて、大好きなお友だちや先生に、せっせとお手紙を渡しています。カラフルでよく観察された絵を、毎日たくさん描いては、私に見せに来ます。愛犬や小さな子のお世話をし、優しくできる、表情豊かで、愛情に溢れた子です。

今まで、ずいぶんと遠回りの育児をしてきましたが、ひとつひとつ積み上げてきたものは、決してムダではなかった、と、最近ようやく思えるようになりました。

そんな、頼もしく成長してきた子ども達ではありますが、まだまだ時々、私のお腹に戻りたくなることもあるようです。長男は、2階で一人で寝ていますが、寝る前に私の両手を自分の耳に持っていき、水泳の耳抜きをするようにぎゅっと押し当てます。「こうすると安心する〜」のだそうです。母の肩を超えるほど背も伸び、朝までよく寝るようになりましたが、起こしに行くと、赤ちゃんの時と同じ仕草で手の甲でモニモニと目を擦りながら起きるのです。

次男は、一度は兄と一緒に2階に独立したハズだったのですが、私の布団に「出戻り」してきて、最近はまた一緒に寝ています。相変わらず、寝る前には私が背中をかくという赤ちゃん時代の習慣が続いています。以前よりもさらに狭いし、暑いし、肩も凝りますが、ポカポカとして、次男の寝息を聞くと、私もほっと落ち着けるのです。

長女は、入学を前に「指をちゅーちゅーするクセを直したい」と言い出し、健気にがんばっています。でも「小学生のおねえさんになっても、ママに甘えていいの？」と聞くので、「○子が、何歳になってもいいよ」と言うと、ほっと嬉しそうです。そして時々「ママのお腹の中に戻りたい」と、私のワンピースの中に潜り込んできます。すると、長男も、次男も、愛犬も、一緒に入りたがり、安物の服がびろんびろんになりますが、気持ちだけは「皆、おいで」と、モミクチャにされています。

子ども達は、私のお腹の中と新しい世界を、毎日行きつ戻りつしながら、確実に成長しています。そして、できないことも多い私ですが、この子たちのお母さんは、この広い世界の中でたった一人、私だけです。

私は、こんな愛すべき子ども達を、また、何回でも産みたいし、いつまでも育てたいし、いつでも「おかえり」と迎えてあげたい、と、自分自身に願っています。

120

これからのこと

「自分とのつき合い方」を直伝

今まで私は、あの手この手で数多くの工夫を、子ども達の目の前で見せ続けてきました。そして、ちょっとだけ丁寧に教え、できるだけ分かりやすく、気持ちを伝え続けてきました。これは、「生きるための英才教育」だと思っています。そして、今度は子ども達の番です。今までのたくさんのお手本を参考にしながら、うまくいかないことがあれば、自分で工夫し、自分に合った方法で学び、自分の気持ちを分かりやすく人に伝え、自分の人生を、自分の力で切り拓いてゆくのです。

もちろん、いきなり手を離すのではなくて、スモールステップで、じょじょに、自分で考え、判断し、実行し、続けられるように、だんだんと見守る距離を広げながら直伝し、まだまだ私が当面の間、気長につき合う必要はあります。

それでも、親が愛情を伝え続け、そばで見守り、困ったことがあればいつでも力になるというメッセージを、言葉でも態度でも示し続けていけば、子どもは、親から「愛されている」「大事にされている」ことが実感できます。**この実感がなければ、どんなに素晴らしい教育も、療育も、子どもの心に届かないのではないかと私は思います。**時間はかかりますが、しっかりとした親子関係の基礎の土台があってこそ、安心して、のびのびとその子らしく、育つことができるのです。

そして、愛されている実感があると、子どもは自分を好きになれます。凸も凹もどっちも大事に、愛おしいと思えるようになれば、世界を肯定的に見ることができます。自分の短所・欠点や、できないことも認めることができれば、自分と上手につき合う方法を、試行錯誤で探ることができますし、他人にも寛容になれます。「自分との上手なつき合い方」を身につければ、多少の凸凹があっても、たいていのことはなんとかなりますし、その子らしい個性的な魅力を遠慮なく発揮できます。もし、人生の壁にぶつかっても、再び立ち上がり、歩き出すことができます。問題ナッシング！

そのためには、まず、お母さんが、自分のことを愛おしんで下さいね。

あなたの友人、楽々かあさんより。

おわりに

最近、私は、子ども達を頼もしく、たくましく感じることが多くなりました。

どんな子の育児でも、そんなにすぐに結果が出るものではありません。ましてや相手が「凸凹さん」となれば、親のエネルギーも、時間も、お金も、愛情も、毎日湯水の如く浪費しながら、相変わらずズボンが後ろ前の子どもを見ると、「これでいいのだろうか」と思うこともあります。

でも「今が100点」というところからスタートした私の育児の積み重ねの中で、繰り返し伝え続けてきたメッセージは、目には見えないけれどちゃんと子どもの心に届いているんだなって、ここにきてようやく実感できるようになってきました。

ちょっとだけ、遠回りの育児かもしれませんが（時々は休みつつも）、お母さんが隣で歩き続けてくれたこと自体が、お子さんを生涯にわたって支える財産になります。

そして、毎日、安心感の中でのびのびと育つ、うちの子達はいいなあと思います。発達障害のある・なしにかかわらず、どんな子も、大事に、丁寧に、特別に、育ててほしいと、思っているのです。ちょっと大人びた寂しげな目をした子どもが、ずいぶん増えたように感じるのは、私の気のせいでしょうか。フツーに、両手を広げた母の腕の中に飛び込んでくるうちの子達は、特別なのでしょうか。

親や周りの大人から、大事に、丁寧に、特別に育てられる子が、一人でも多く増えてゆくように、私は今、祈るような気持ちでいます。


本書の執筆にあたり、まず汐見稔幸先生に、ご多忙の中、前著に引き続き監修をお引き受け下さったことに深謝いたします。東ちひろ先生には、変わらぬ深いご理解で、私と子ども達を見守り続けて下さり、心より感謝とご尊敬を申し上げます。

また、文章へのこだわりも強く、ワガママを申し上げる私に、前著同様、根気づよく寛容に導いて下さった、ポプラ社の大塩さんと、読者目線で使いやすく分かりやすい素晴らしいデザインを提供して下さる、mattz's work の松好那名さんをはじめとする、スタッフの皆様の日々のご尽力に、感謝と敬意を表します。おかげさまで、今回も、本当によい本になったと思っております。

そして、私の発信を楽しみに、活動を応援して下さっている、ネット上の友人の皆さん。皆さんからの「いいね！」や、嬉しいご報告、励ましのお声に力をいただいて、同時進行の苦手な私が、多忙な育児の傍ら、なんとか支援活動と執筆を続けることができています。本当にいつもありがとうございます。私も、皆さんの育児、お仕事、ご活動、心より応援しています。

最後に。とうちゃん、いつもありがとう。あなたとうっかり結婚してよかったです。それから、可愛い3人の子ども達。かあちゃんは、何度でもまた、あなた達を産むから、いつでもお腹の中に戻っておいで。

だから遠慮なく、思ったとおりに育ってごらん。

2017年1月
大場美鈴

参考文献

『感覚統合をいかし適応力を育てよう１　発達障害の子の感覚遊び運動遊び』（木村順：監修／講談社）

『感覚統合をいかし適応力を育てよう３　発達障害の子の指遊び手遊び腕遊び』（木村順：監修／講談社）

『発達障害の子のビジョン・トレーニング』（北出勝也：監修／講談社）

『学ぶことが大好きになるビジョントレーニング　読み書き・運動が苦手なのには理由があった』（北出勝也／図書文化社）

『自閉症の子どものためのABA基本プログラム２　家庭で無理なく楽しくできるコミュニケーション課題30』（藤坂龍司：著、井上雅彦：編著／学研）

『３ステップ　聞くトレーニング　自立と社会性を育む特別支援教育』（上嶋恵／さくら社）

『怒りをコントロールできない子の理解と援助　教師と親のかかわり』（大河原美以／金子書房）

『発達障害といじめ　“いじめに立ち向かう”10の解決策』（キャロル・グレイ：著、服巻智子：訳・翻案・解説／クリエイツかもがわ）

『ソーシャルストーリー™／ブック【改訂版】　入門・文例集』（キャロル・グレイ：編著、服巻智子：監訳、大阪自閉症協会・編訳／クリエイツかもがわ）

『発達障害の子を育てる本 ケータイ・パソコン活用編（健康ライブラリー　イラスト版）』（中邑賢龍、近藤武夫：監修／講談社）

『イラスト版　子どもの認知行動療法②　だいじょうぶ　自分でできる怒りの消火法ワークブック』（ドーン・ヒューブナー：著、上田勢子：訳／明石書店）

『イラスト版　子どもの認知行動療法①　だいじょうぶ　自分でできる心配の追いはらい方ワークブック』（ドーン・ヒューブナー：著、上田勢子：訳／明石書店）

『自閉症・アスペルガー症候群「自分のこと」のおしえ方ー診断説明・告知マニュアルー』（吉田友子／学研）

『発達と障害を考える本　ふしぎだね!?　アスペルガー症候群のおともだち』『同・ADHD（注意欠陥多動性障害）のおともだち』『同・LD（学習障害）のおともだち』（ミネルヴァ書房）

『整理整頓　女子の人間関係』（水島広子／サンクチュアリ出版）

『アスペルガーのパートナーのいる女性が知っておくべき22の心得』（ルディ・シモン：著、牧野恵：訳、エマ・リオス：絵／スペクトラム出版社）

『「言うことを聞かなくなってきた子」の育て方』（東ちひろ／PHP研究所）

『最新　子どもの発達障害事典』（原仁：責任編集／合同出版）

など、多数。

大場　美鈴（おおば・みすず）楽々かあさん

1975年生まれ。うちの子専門家（専業主婦）。

美術系の大学を卒業後、出版社で医療雑誌の編集デザイナーとして勤務し退社。実父の介護経験を経て、結婚。3人の子宝に恵まれる。長男（小5）はASD+LD+ADHDで、通常学級から支援級に転籍。次男（小3）、長女（年長）はいくつか凸凹特徴のあるグレーゾーン。2013年より、Facebookなどで管理人「楽々かあさん」として、育児の傍ら、発達障害育児に役立つ支援ツールの制作と、日々の子育てのアイデアをシェア・情報発信する個人活動を開始。「声かけ変換表」がネット上で約14万シェアを獲得するなど拡散し話題となり、「AERA」「kodomoe」「東洋経済オンライン」「リタリコ発達ナビ」など、雑誌・ネットメディアに掲載多数。

著書に『発達障害＆グレーゾーンの3兄妹を育てる母の毎日ラクラク笑顔になる108の子育て法』（大場美鈴：著、汐見稔幸：監修）がある。

発達障害＆グレーゾーンの3兄妹を育てる母の
どんな子もぐんぐん伸びる120の子育て法

2017年 2月21日　第1刷発行

著　　者　大場 美鈴
監 修 者　汐見 稔幸
発 行 者　長谷川 均
編　　集　大塩 大
発 行 所　株式会社ポプラ社
〒160-8565　東京都新宿区大京町22-1
電　話　03-3357-2212（営業）　03-3357-2305（編集）
振　替　00140-3-149271
一般書出版局ホームページ　http://www.webasta.jp/

印刷・製本　中央精版印刷株式会社

N.D.C.378/319 P /19cm　ISBN978-4-591-15336-9